谨以此书献给所有不甘于平凡的人们

平凡的人睁着两眼看世界,经常看错;

不平凡的人闭一只眼睁一只眼看世界,一目了然;

超凡的人闭着双眼用心看世界,所向无敌。

优秀员工的职业精神是企业成功的最大法宝

戴文宪◎编著

优秀员工的职业精神

优秀的职业精神是员工成就自己的"助推器"

优秀的职业精神能够提升企业的竞争力和凝聚力

中国言实出版社

图书在版编目(CIP)数据

优秀员工的职业精神/戴文宪编著.
—北京:中国言实出版社,2011.1
ISBN 978-7-80250-385-4

Ⅰ.①优…
Ⅱ.①戴…
Ⅲ.①企业—职工—职业道德
Ⅳ.①F272.92

中国版本图书馆 CIP 数据核字(2010)第 213265 号

出版发行 中国言实出版社
地　址:北京市朝阳区北苑路 180 号加利大厦 5 号楼 105 室
邮　编:100101
电　话:64924716(发行部)　64963101(邮　购)
　　　64924880(总编室)　64914138(四编部)
网　址:www.zgyscbs.cn
E-mail:zgyscbs@263.net
经　　销 新华书店
印　　刷 北京市德美印刷厂
版　　次 2012 年 1 月第 1 版　2012 年 1 月第 1 次印刷
规　　格 710 毫米×1000 毫米　1/16　15 印张
字　　数 200 千字
定　　价 32.00 元　ISBN 978-7-80250-385-4/F·327

前言

Preface

有一些人经常习惯地把“职业”、“敬业”等词挂在嘴边，但是，从他们的实际工作中，却看不出什么与之沾边的事例。这样的情况只能说明这样的员工还不具备优秀员工的职业精神，或者说，与真正的优秀员工还有相当大的差距。那么，真正的职业精神是什么？也许，我们可以从NBA著名球星凯文·加内特的身上找到答案。

凯文·加内特是世界著名的篮球明星，他是从高中直接进入NBA的为数不多的球员之一。在高中的四年里，加内特共得了2 533分，1 807个篮板和739次盖帽。在麦当劳全美篮球赛上，他获得最杰出球员称号。1995年，加内特在选秀大会第一轮以第五顺位被明尼苏达森林狼队选中，1997～1998赛季，加内特以平均每场9.6个篮板位于NBA排行榜第十位，1.83个盖帽位居第十三位，1.70个抢断位居第十八位，45次两双位居第四位。

1998年，加内特第一次达到他个人职业生涯的三双：得18分，抢13个篮板球，10次助攻。1998～1999赛季，加内特在得分、篮板、盖帽和抢断四个方面均进入NBA前二十名。

2003～2004赛季中，加内特创下他个人最好成绩：24.2分，13.9个篮板和5次助攻。2007～2008赛季，他加盟波士顿凯尔特人队和雷·阿伦和保罗·皮尔斯一起形成了“凯尔特人三巨头”，平均每场砍下18.8分和9.3个篮板。

加内特的职业精神，我们大体可以归纳为这样六点：

一、具有高度的团队精神和集团荣誉感。他从不认为自己就是成功的全部因素，成功是靠大家的努力。真正的团队精神，是和所有的队友一起赢得至高无上的荣誉。

二、对“老东家”的态度。加内特非常尊重并希望给对方留下美好的印象，他说：“我们不太可能一辈子只效力一家企业，但是应该给你效力过的球队留下痕迹和美好的回忆。”

三、面对失败时的态度。当自己在组织内没有实现目标的时候，没有去抱怨这个组织的种种不合理，而是认为自己做的不够好，不要总问组织能为你做什么，还要经常问你为组织做了什么？

四、说到胜负，他认为要获得胜利就必须付出血汗和泪水，必须全身心地投入，天才也是需要“血汗和泪水”的，没有人能够随随便便成功！

五、说到希望，他说，在沮丧的时候，你只需要去尽力铭记好的时光。

六、作为一个优秀职业人员必须具备的品质：谦虚，自我激励，热情和勤奋，具有大将风范。这里所说的大将风范，不是指自己能拿刀砍倒多少个人，而是指你率领的团队是否能在一种愉快的气氛下生存、生活乃至战斗，你的团队成员是否有自己的想法，是否对前途充满信心，是否能保留自己成为将军的潜力和能力。

有人说，凯文·加内特是一个天才的球员，但他自己并不这样认为，他说：“我从来不会说自己是最有天赋的球员，我只是对生活，对篮球很有热情。如果我不勤奋，不是付出120％的努力的话，我可能今天不会出现在这里，只有勤奋才会让我成为今天的加内特。我总是想要不停地挑战自己，我也是一个普通人，我很享受我现在的这一切，但是我同时对这一切保持着谦虚的态度，我绝不会看不起其他人，只有你尊重别人，你才会得到尊重。”

通过加内特的一番话，让我们看到了一种真正的职业精神，这种职业精神不仅是做事，更多的是要学会做人！

目 录
Contents

第三章 先付出后收获——奉献得越多，得到的也就越多

第四章 做工作的主人——以老板的心态对待工作

第五章 懂得绩效为王——绩效是生存的首要法则

第八章 激情点燃梦想——用热情浇灌在职的每一天

第九章 拥有乐业精神——平凡的是工作，平庸的是工作态度

第十章 拥有团队精神——没有完美的个人，只有完美的团队

第一章　为自己而工作——用心对待职业生涯每一天

1 先弄明白自己为谁工作

在我们的生活里，你总会遇到这样一些人，他们每天都上班，早晨睁着朦胧的睡眼，置身于拥挤的公交或地铁上；晚上，拖着疲惫的身体淹没在来来往往的人流中；月底，领着固定且微薄的薪水在维持着自己较低的生活水准。他们机械而被动地工作着，时常会因为一些小事高兴或者抱怨。每天朝九晚五，穿梭于钢筋水泥之间，奔波在繁华的大街小巷之上。他们从来不曾思考：工作到底是什么，自己为什么要工作，自己在为谁而工作？

如果你对这些人进行当场采访，问大家一个问题：工作的目的是什么？大多数人的回答肯定是：就是为了那个令人讨厌的抠门老板，为了这点微薄的收入糊口而已。

如果你也持有这样的答案，那么，你的职业生涯一定是黯然无光的。首先，你一定要弄清楚，自己努力拼搏，为的并不是老板或公司，而是为了自己的成长。你是在为自己工作！你在工作中可以熟悉业务、积累经验、掌握技巧、积累人脉，让自己变得日益强大起来。

而你得到的报酬，并不仅仅是金钱，更多的是经验和技巧，是日渐广泛的人脉资源。一定要牢牢记住：你是在为自己工作，为自己的前途和未来而工作。在职场上，总有这样一些人，他们认为自己在为老板工作，只要能糊弄就糊弄，能凑合就凑合。这样做的结果，常常会是自己糊弄自己。

肖锋是北京一家报社的编辑，在报社做了8年，一直没有得到晋升，原因主要在于他总是抱着当一天和尚撞一天钟的态度，得过且过地混日子。这种态度给他带来的后果就是版面上经常出错。后来，报社精简人员，肖锋下岗了。

失业后的肖锋痛定思痛，他回顾了自己在报社8年的时间都干了些什么？仔细一想，除了每天中午跟同事一起打牌之外，他从来没有进过一次图书馆，报社组织的业务学习也是能躲就躲，不再考虑进取，这样混日子的后果就是今天的下岗，当了8年编辑之后却成了无业游民。

经过这次变故之后，肖锋决心改变自己对工作的态度，他想，编辑是一个靠主观能动性工作的行业，在这个行业中，做出来的成绩是有目共睹的，相反，有了错误，同样也会让所有人有目共睹。

肖锋决心改变自己对工作的态度，从现在开始，为自己的个人品牌而工作。

改变了观念之后的肖锋参加了一个出版社的招聘考试，并以优异的成绩考了进来。进入出版社以后，肖锋的工作态度变得非常认真而又谨慎，他在编辑过程中，曾因为书稿中出现了一个古代词汇弄不准，就多次跑到大学里去请教专家，直到弄清楚这个词的用意为止。

有了这样认真的态度，他的工作成绩突飞猛进，第二年，由于工作业绩突出，被提拔做了编辑部主任。

作为一名员工，自己一定要把自己手中的工作做好，千万不能抱着一种得过且过的态度去工作。故事中的肖锋就是个例子，他原来粗心大意，工作不认真，最后遭遇了失业的滑铁卢，当他来到一个新的单位，并且工作态度发生了转变之后，情况很快发生了转变，最后还当上了编辑部主任。

从表面看来，你是在为老板打工，不管多么辛苦，你所做的一切都是在为公司招揽业务、赚取利润，但是，别忘了，你在为公司努力的同时，自己也从公司的利润中，分得一杯羹。实际上，公司对你的能力的肯定，所表现出来的衡量标准就是工资的多少。或许，目前所支付给你的金钱并不能达到你的预期，而你自己在工作中留给自己的也不是钱，而是经验、技巧和人脉的积累。你需要有一个空间让你成长，需要一个平台来充分展示自己的才能，在工作的舞台上，你表现得越好，得到的鲜花和掌声就越多。所以，你要清楚地知道：任何工作都是为自己干的，并不只是为老板而工作。

如果你在工作中斤斤计较，只看眼前所得到的报酬，你就会被既得的小小利益蒙蔽了双眼，你的经验、技能、水平得不到快速的进步，你会丧失许多原本属于你的机会，一辈子只能在小职员的位置上缓慢地爬行。这样一来，受损失最大的人恐怕就是你自己，真可谓“丢了西瓜捡芝麻”。

实际上，职场上的大多数人，都认为自己是在为老板工作，是在为老板付的工资工作。这些人虽然整天忙忙碌碌、行色匆匆，但是，他们的头脑麻木，甘于平庸，在浑浑噩噩中蹉跎着岁月。当他们失去价值的时候，或者是年华老去时，只能接受失业或下岗的命运，如果出现这样的命运，只会简单地抱怨命运是没有用的，而是应该检讨一下自己以往的工作态度。

著名的石油大王洛克菲勒说过：“我们工作的最高报酬，并不是我们得到了多少金钱，而是我们最终能得到多少机会。”确实如此，努力工作，看起来得到好处的是公司，其实最终的受益者是我们自己。我们能在努力工作中快速地提升自己的能力，积累自己的经验，让自己变得更加成熟和优秀。

任何一个身在职场的人，都要学会为自己工作，在不断努力中提高自己的能力。要知道，能力是比金钱还重要的东西。当自己的能力足以应对一切困难和磨难的时候，你就离成功不远了。当你拥有了足够的能力，即使你暂时跌入了生活的谷底，你也能重返事业的巅峰。为什么呢？因为只有能力才是伴随你一生的财富。但有一点是需要明确的，能力不是天生就有的，它需要一个慢慢积累的过程。不管是创造力，还是执行力，不管是洞察力，还是决策力，都需要你在工作中去慢慢体会，逐步积累。

工作对你而言，最大的好处就是，它能够让你在创造财富的同时，锻炼你的诸多能力。因此，不管你现在身在职场的哪个位置，都要清楚地明白：你是在为自己而工作！

2 职场是你施展才华的舞台

职场是实现人生价值的舞台，是一个可以把许多人的梦想变成现实的地方。任何一个在职场挥洒汗水的人，都要珍惜你的工作岗位，珍惜你所拥有的就业机会，通过自己的努力，在职场这个大舞台上实现自己的人生价值。

在职场上，任何一个看似微不足道的角色都有它存在的意义。因此，不管你在做什么工作，担任哪种职位，面临多大的机会与挫折，都要做好自己的分内工作。只有做好每一件小事，你才会得到更大的机会。

有一个传统相声《武松打虎》，说的是扮演“老虎”的演员不甘心总是当配角，有一天他喝醉了，来到后台的时候，主角武松已经上台了。这个扮演老虎的演员披上虎皮，晃晃悠悠地上场了。本来戏中说的是“三拳两脚”将猛虎打死，可是，将他打倒之后，他又爬了起来，武松不得不回过头来，继续打虎，给观众造成了笑场的结果。

相声中说的这个扮演老虎的演员，就是不甘心把小角色演好，所以闹出了笑话。

在职场中，许多人也像相声中的这个扮演老虎的演员一样，一心想要成名，但是，却忽略了自己本职的工作。其实，只要你将自己分内的工作做好，将每一件小事做好，你都不简单。在把简单事做好的同时，你会发现，你的舞台原来是如此广阔。

洛克菲勒说过：“工作是每个人施展自己才华的舞台。我们的决策力，我们的应变力，我们的适应力以及我们的协调力，都会在这个舞台上淋漓尽致地展示出来……”

实际上，任何一个工作岗位都是我们发挥自己能力的平台，我们都可以在这个平台上发挥自己的能力，使自己的才能得以展现。我们在这个平台上，不但可以获取物质财富，还能通过不断的努力，逐渐累积各种能力，实现自己的人生价值。

在职场这个大舞台上，每个身在其中的人都是这个舞台上的演员。我们要将自己的角色演好，就要付出更大更艰辛的努力。

我们在工作中遇到的最大挑战，不单单是许多改变命运的选择和决定命运的机会，更多的是年复一年，日复一日的简单而又枯燥的工作。如果我们想要在这些单调和平凡中实现自己的人生价值，感受到光荣与伟大，我们就要学着尊重这个舞台，并在这个舞台上发挥出自己的水平，让更多的人认识和认可我们。作为一名职场人，只要你能够在工作的舞台上将自己的才能发挥出来，你就会在平凡的岗位上做出不平凡的业绩来。

某市有一所非常著名的重点中学，这个学校里，有一名老校工，没有人知道他的年龄，也没有人知道他是什么时候来到这个学校工作的。他的工作就是每天上课的时候敲钟，下课的时候也敲钟。后来，学校改善了办学条件，将原来的铁钟淘汰了，换成了电铃，他仍然是学校里负责上下课电铃的人。

学生毕业了一批又一批，但是老人始终在他自己的岗位上。无论寒暑、无论雨雪天气。突然，有一天早晨，已经过了上课的时候，可是铃声却没有响。校长很奇怪，因为这种情况从来没有过。

校长急忙来到老校工住的小屋里，原来，老人在前一天的晚上，由于心脏病突然发作，猝死在房间里。校长对老校工的突然离去感到万分悲痛，学校里的学生也自发地组织起来，为老人编织了无数个花环，为他送行。

老人下葬的时候，校长在报纸上郑重地发了一则启示，一时间，学校里来了很多人，很多早已毕业多年，并且事业有成的成功人士都纷纷回到母校，参加了老校工的葬礼。尽管，老人的工作是那么平凡，但是，他几十年如一日，总是那么守时，风雨无阻。他们都是听着老人的钟声长大的，在他们的心里，老人不仅仅是一名校工，在大家的心里，这位老校工就像是一位慈祥的祖父，他已经成为这个学校的一种标识。

由此可见，不管你在职场中所处的地位如何，你都要明白，任何一个看似微不足道的工作岗位，都是你施展个人能力的平台。

一个年轻人，要把职场中的任何一个工作，都看成是你施展自己才华的机会，只要你肯于努力，就会得到别人的承认，同时也会在众人中脱颖而出。因此，如果你想要得到更多的薪水，获得更大的成功，就要在自己的工作岗位上，将自己的能力全部施展出来，让领导和同事看到。能够做到这些，你就会发现：没有人能取代你的位置，更没有人能掩盖你的才华。

3 企业是你实现成功的“航船”

公司是每个职场人士实现梦想，走向成功的“航船”。乘着这艘船行驶在职场的海洋里，会遇到风浪，会遇到险滩，但只要自己足够努力，就能和这艘“航船”一起竞波逐浪，驶向成功的彼岸。

既然如此，那身为这艘船的一分子，你就要永远站在公司的角度，站在老板的立场上，时刻以公司的利益为先，与老板实现共赢。在这艘船上，老板与员工之间，就像舵手和船员一样，是一种生死与共的关系。所以，作为公司的员工，除了要具有踏实肯干的精神外，还要拥有高度的责任感。对于一名优秀的员工来说，工作就意味着责任。勇敢地担负起属于你的责任，积极地面对你的工作，这样才能将工作做好，才能让公司快速稳定地发展。而你，也能够在公司的高速运转下，走向成功。

约翰是瑞士一家造纸公司的部门经理。近半年来，公司的销售业绩下降很大。于是，公司管理层召集大家开会。会上，约翰提出了一个建议，即推出一种新型的卫生纸。这种纸看上去与其他普通的卫生纸并没有什么两样。但它的广告语却是：“可以擦眼镜的卫生纸。”

这句广告语看似平淡无奇，但其中却包含着商家对消费者细致入微的关怀和无微不至的体贴。

公司接受了约翰的建议。但在这款卫生纸投入批量生产之前，约翰又以公司的名义召集了全体员工开了一次会议，在会议上，建议所有的员工暗中观察各自身边的人是怎样使用卫生纸的，他们使用卫生纸有什么样的习惯，更主要的是了解人们在使用卫生纸过程中的非常规动作。

两个月之后，约翰将所有的观察记录进行了汇总，发现了许多平时难以发现的问题。其中最为吸引人的是，发现许多戴眼镜的人在日常生活中都有一个习惯,就是直接用卫生纸作为眼镜抹布来使用。当然,这类人在全国总人口的比例是很小的。因为当时的瑞士,戴眼镜的人口不到总人口的1/3。而公司做的调查结果显示:用卫生纸作为眼镜布擦拭眼镜这一习惯的人在戴眼镜的人群中约占15%。按照这个比例算下来,绝对人口的数量也是非常庞大的。也就是说,在瑞士每100个戴眼镜的人当中,就有15个人经常用卫生纸来擦眼镜。可是,市面上的普通卫生纸比起眼镜抹布来要粗糙一些,不宜直接用来擦眼镜。因为,那些普通的卫生纸擦过的眼镜,很可能会被粗糙的卫生纸划伤。

于是,约翰又将这一结果汇报给公司,坚定了公司投入生产这种新型卫生纸的信念。于是,这家造纸公司决定针对这部分人,专门生产出一种可以用来擦眼镜的卫生纸。这样,就有效地解决了这部分人的需求。结果,这种产品刚一上市,立即赢得了戴眼镜者的青睐。

由于这家公司独占了市场这一空白,一时之间,他们生产的卫生纸销量惊人,赚了个盆满钵溢。而提供这个建议的约翰,也被提拔做了企业的副总裁。

故事中的约翰令人佩服。他在公司这艘大“航船”上,通过自己的仔细观察、悉心研究和详细的市场调研,发现了商机,让公司赚到了钱,自己也因此而获得了成功。

公司给了我们机会,给了我们平台,给了我们成功的起点。我们就要心怀感激,与公司共进退。在工作过程中,不要太计较个人得失,要将每一份工作都当成自己锻炼的机会,将每一次任务都当成人生不可多得的体验。只有这样,公司才有可能做大做强。公司强大了,才能为你提供更为广阔的舞台和施展才华的空间。

想要让公司这艘航船顺利地前行,需要我们每一个船上的人都具备以下素质:

(1)永远真诚地对待公司,对待工作

忠诚是一种品质,也是一种素质,更是一种能力。忠诚的人,才懂得踏实,才会在自己的工作岗位上任劳任怨。当我们对公司无比忠诚的时候,我们就能获得同事的信任和领导的认可。这样一来,我们在工作中才会有一种安全感和归属感,才能更大限度地发挥自己的潜能,做出更好的业绩。

(2)热情地对待身边的每一位同事

职场中,让自己感到快乐与成就的,并不是最后的结果,而是工作的过程。人的生命有很长一段时间都被工作占据着。因此,我们要对工作充满热情,热情地对待自己的工作和身边的同事们。如果缺少了热情,那工作起来就会变得没有动力,索然无味。所以,我们应该在工作的每一天,都热情地对待你身边的人和事。这样,才能让公司更大地受益,让自己的人生更加充实。

(3)拥有强烈的责任感

责任感不是装出来的,是发自内心的一种自我约束的能力。只有拥有了责任感,才会不断地努力,不断地超越自我。从而在公司这艘"航船"上顺风顺水。责任感是一个职场人士必备的素质之一,是检验这个人可信与否的重要依据。只有同心协力,才能一往无前。

4　珍惜自己所拥有的工作机会

只要你还在公司工作,你就是公司中的一员。千万要记住,在任何情况下,都不能做伤害公司利益的事,不能在背地里谴责你的公司,更不能诋毁你所在的公司的名誉。否则,你会在不经意间断送了自己的前程。

不要整天患得患失地追问公司能为你做什么,要时常反问:自己为公司做了什么!

工作本身没有高低之分,更没有贵贱之别。所有岗位的工作都值得我们去尊重。因此,不管我们身处哪个职位,都应该懂得珍惜,珍惜自己现在所拥有的工作。

职场中，有些人一心渴望得到更好的工作环境，得到更高的地位，却常常抱着消极的态度去工作。这样的人，对公司没有价值，对自己不负责任，迟早会被淘汰出局。

许多职场人士总感觉自己缺少机会，没有发挥能力的平台。他们时常这样问自己："就凭我的能力，做这样平凡的工作，未来有什么希望呢？"可是，他们往往看不到，在平凡的职业中，在普通的职位上，往往潜藏着巨大的机会。只有自己通过辛勤的耕耘，将自己的手头工作做好，做得比别人更完美，更正确，更有成效，才能引起公司领导者的关注，从而给你一个更大的平台去发挥。因此，不管你的工资多么低，职位多么普通，都不要轻视自己的工作，要带着一颗感恩的心去珍惜你的工作机会。

也许，有时候在工作中，你会遇到一些工作权限之外的事情。只要你能够站在公司的角度，积极努力，就一定能够得到公司的信任。也许，你努力拼搏，却得不到相应的回报。只要心态平和，不计较个人得失，珍惜自己所拥有的一切，你一定会慢慢得到大家的认可。那些自以为是的人，那些不懂得珍惜的人，往往将自己拥有的工作机会白白断送了。

肖玲是北京某重点大学的应届毕业生。她性格外向，喜欢与人沟通，在大学期间，曾在许多家报社做过实习生。在实习阶段，她做过几个好选题，受到报社领导的一致赞誉。因此，肖玲信心百倍，希望自己毕业后能进一家大报社工作，将来成为一名优秀的编辑。

毕业后，肖玲进了一家杂志社，由于学历高，头脑灵活，她很受重视。刚一入职就参与了一个大的选题策划。于是，肖玲有些得意忘形。不久，由于言语不当，与部门的领导发生了争执。领导当面说了些过火的话，这些话使得肖玲非常难过。她感觉这家杂志社在歧视自己这个新人，部门领导忌妒自己的才华。一气之下，肖玲辞职了。

没过几天，肖玲又进了一家业内非常有名的杂志社。在这家杂志社里，肖玲连续做了几个选题，有的选题没有得到领导的认可，肖玲心里很不是滋味，她感觉自己在这里也受到了歧视，自己的才能还是得不到有效发挥。她想来想去,又辞职了。

肖玲在家里赋闲了两个月之后,为了糊口,只好进了当地一家小报社。肖玲以为这里没有多少高端的人才,不会有人跟她竞争,她打算在这里大干一场,充分展示自己的才华。可是,上班没几天,为了上稿子的事情,她又跟主编顶了起来。因为肖玲过于坚持自己的意见,她再次感觉自己的才能发挥不出来,结果,她又辞职了。就这样,肖玲的工作换了一家又一家,总是在辞职的路上奔来跑去……

许多职场中人,也像故事中的肖玲一样,总是感觉自己在公司不受重视,没有发展空间,缺少更适合自己的舞台。其实,这些人根本就没有意识到,任何一个工作岗位,都蕴藏着机会,关键是自己有没有恒心和毅力去开发它。那些不懂得珍惜自己工作的人,往往也得不到工作的珍惜,总是在失意和失业中不断地抱怨。

不管走到哪里,我们总会看到一些满身才华的失意者,当你和他们交流时,你会发现,他们从来没有珍惜过自己的工作机会,从来没有在自己的工作岗位上踏实地工作过。他们除了叹惜自己生不逢时,就是抱怨公司,抱怨社会,从来没有在自己身上寻找过原因。

其实,任何一份平凡的工作都是一座丰富的矿藏。要知道,这个世界上,每天都有无数人失业,无数人找不到工作,无数人都在为一份简单的工作而苦苦寻觅。而你,却放着好好的工作而不懂得去珍惜,这是多么大的一个讽刺啊!因此,不要好高骛远,要学会踏实,懂得珍惜自己所拥有的工作机会,踏踏实实地将自己当下的工作做好。

在我们还拥有某份工作的时候,在我们还在某个岗位的时候,要学会去珍惜它,千万不要在工作面前挑肥拣瘦,牢骚满腹。现在的就业压力在逐步增大,工作机会显得更加难能可贵,只要你拥有一份工作,就要珍惜这来之不易的工作机会,将自己的汗水洒在工作岗位上,只有这样才能获得更大的进步,为自己争取来更大的舞台。

在职场中拼搏的人们,请牢记:工作来之不易,千万要学会珍惜。即使你所从事的是非常普通,非常平凡,非常琐碎的工作,也要静下心来,将它做好。

只要你脚踏实地付出过，你一定会有有所收获。任何一个工作机会都是一个不可或缺的阶梯，把握好了，你就能踩着它一步登天，逐步地实现自己的梦想。

5 今天的努力一定是明天成功的序曲

西方有句成语说："罗马城不是一日建起来的。"大厦之成不是一日之功，大海之水也不是一日之流。任何一次成功，都不是一蹴而就的，它需要一点一滴地积累。因此，任何一个渴望能够在职场上获得成功的人，都要懂得从最基本的地方做起，从今天做起，从每一件平凡简单的事情做起。

要知道，成功不是一句口号，而是实实在在的努力与付出，需要用辛勤的汗水去用心浇灌。许多混迹于职场的人，尤其是处在底层位置的人，都希望有朝一日，自己能够一步登天，拥有一个光辉灿烂的明天。心里存着这样的希望，说明你还有梦想，但是，实现梦想最重要的就是——行动。你要让自己踏实下来，迈出走向成功的第一步。只要勇敢地迈出了第一步，你就会发现，其实成功与失败的距离，并不像大多数人想象的那样遥远，它们之间的距离有可能仅仅是一步之遥。

一个聪明的职场人，在他们迈出第一步的时候，会为自己设定许多容易达成的小目标。然后一步步实现这些小目标，当小目标一个个地被完成了，就可以进而走向大目标。

在美国，曾经有一位70岁的老人，他从纽约步行去往佛罗里达。在这段遥远的距离中，他历尽艰难，经过了长途跋涉之后，成功地到达了佛罗里达州的迈阿密市。

迈阿密有位记者采访他的时候问："我真想知道，如此遥远的距离和如此艰难的'旅行'是否曾经让您产生退缩？是什么让您鼓足勇气完成徒步旅行的？"

老人微微一笑，从容地回答："我所迈出的每一步都是需要勇气的，我总是先迈出一步，然后再迈出第二步。我每走一千步就算完成了一个目标。最后，终于实现了自己的目标，到达了佛罗里达。"

其实，做任何事情，只要我们能够像故事中的老人一样，敢于迈出第一步，然后一步一步地走下去，就会走出一个未来，看到明天的成功。今天所有的努力，都是明天成功的序曲。

所有的今天，所有的现在，只要我们都充分利用，一步一步坚定地走下去，脚下的道路就一定会越走越平坦，越走越宽阔。

在到达成功的道路上，只要你能够今天努力地迈动自己的脚步，努力一点，再努力一点，成功就会离你更近一点。或许那些看似微不足道的细微之处，正是成功的关键所在。

日本的汽车"推销大王"椎名保久是一个非常细密的人。他不同于大多数人的地方是，他常常能够在十分细小的地方发现商机，从而成就自己的事业。

有一次，椎名保久去约见一个客户，两人聊得非常投机。说到起劲处，客户兴奋地取出两支烟，自己用火柴点燃一支；另一支递给椎名保久，并把自己使用剩下的火柴留给了椎名保久。后来，椎名保久发现，在生意场合，人们总习惯于用火柴替对方点烟，然后把剩下的火柴留给对方使用。

于是，椎名保久向火柴厂定做了一种火柴，在盒上印上自己的名字、公司的电话号码和公司附近的地图，然后在拜访客户的时候赠送给他们。每个客户在接到这个"礼物"时，都会深深地向椎名保久表示感谢。

一盒火柴有很多根，每用一根火柴，电话号码和地图就会在客户面前出现一次，这样一来，椎名保久公司的电话号码和地图会每天许多次地出现在客户面前。椎名保久认为，一盒小小的火柴虽不起眼，但发挥的作用却很大。假定一个地方放20盒火柴，那么，自己的名字、公司的电话号码和地图也就等于重复出现了400多次。而且，大多数吸烟者一般是在兴奋或困惑的时候才会吸烟的，这种时候，吸烟的人最是喜欢凝视火柴盒来想问题了。就是这些“无意识的注意”，使椎名保久的公司给人们留下了特别深刻的印象。而许多的客户，也确实是通过火柴看到公司的地址，才找到这里来的。正是利用这小小火柴的影响，椎名保久的业务量开始成倍增加，很快就赚了不少钱。

椎名保久的成功让人感慨。他就是“今天”将自己的想法变成现实，然后“明天”才获得了成功。自己的产品才得到了更广的销路。椎名保久“今天”的一切努力，都为自己“明天”的成功打下了坚实的基础。

在职场中拼搏的你，也许并没有椎名保久敏锐的市场洞察力。但是，只要你也能够做好今天的每件事，不让时光虚度，你就已经为明天的成功在慢慢铺路了。

每一个职场中人都有自己的目标和理想。然而，对于目标的设定，需要你拥有一些技巧。比如，你如果现在的目标是将自己的体重减轻20斤，你第一步要做的是将体重减少5斤，而不是一下子减轻到你理想的20斤。

换句话说，如果你为自己的每一个“今天”都设定一个可以实现的小目标，然后用自己的决心和毅力去实现它，这样你就会觉得压力不大，能够轻松地完成自己的目标。反之，也许会事与愿违。

可见，所谓的成功，是你付出努力后的肯定和回报。只要你做好每一个“今天”，就会有一个理想的“明天”。今天的一切汗水与心血，都会让明天的成功之花盛开得更加灿烂。

6 敷衍工作，就是敷衍自己的人生

一个人，不管你从事哪种工作，都要将自己的工作当成一种神圣的使命。不管你的工作环境多么恶劣，操作条件多么困难，都要用积极的态度去面对，千万不能以此为借口，敷衍你的工作。

任何一份工作，如果总是敷衍了事，不去精益求精地做好它，你就会逐渐养成懒散、怠慢的坏习惯，喜欢以各种借口来遮掩自己的失误。这一系列敷衍工作的行为，到头来敷衍的只能是自己，以至于贻误终生。

李杰是一家公司的营业员，他对自己的工作很不满意。有一天，他对自己的朋友王瑞说："我在公司里工资是最低的，老板根本就是看不起我，我要是再这样待下去，实在也没有什么意思了。我想离开这里，换一份工作。"

王瑞问他："那到现在为止，你对你们公司的贸易情况了解的程度如何？你有没有什么不足之处需要在工作中改进？"

听了王瑞的话，李杰漫不经心地回答说："开玩笑，我只拿那么一点工资，凭什么付出那么多的精力去研究那么多东西！有那个工夫，还不如到QQ农场去偷菜呢！"

见李杰这样满不在乎的态度，王瑞正色地说："那我建议你先不要辞职，试着认真对待你的工作，想办法学会公司的运作技巧。将自己的不足之处在公司里弥补一下，然后再考虑离开。"王瑞认真地说。

李杰听了王瑞的建议后，决定按照他说的试一试。从这之后，李杰一改往日的懒散，不再玩游戏，开始积极主动地投入到工作中，时常为了把一件事情处理完，在办公室加班到很晚才回家。

半年后，李杰和王瑞又聚在了一起。王瑞见面就笑着问："现在半年过去了，你应该在公司里学到了不少东西吧，什么时候辞职啊？"

李杰有些不好意思地回答："这几个月以来，我学到了不少东西。同事们都非常喜欢和我一起工作。老板对我的态度也发生了改变。前几天刚刚给我升了职，还涨了工资。我现在感觉这家公司挺适合我的，早已经不打算离开了。”

“我早就知道结果会是这样，”王瑞笑着说，“你当初不受老板重视，是因为你在敷衍自己的工作，从来没有认真地对待过工作。现在，你的态度已经发生了转变，自然能力提升飞快，得到老板的重用就是水到渠成的事情了。”

在任何一家企业里，老板都不会喜欢那些敷衍工作的员工，都会赏识那些踏实上进的员工。那些对工作抱着不屑的态度、做事随意敷衍的人，往往会在职场上表现得非常懒散，对工作不负责任，对公司不负责任，对自己更不负责任。这样的人，迟早会被公司所淘汰。

那些对工作认真负责的员工，会自愿地去花费时间和精力去提高自己的业务能力，为公司尽自己最大努力去多做一些贡献。这样一来，他们自然能得到同事的认可与老板的信任。同时，他们获得的机会自然就多。而这些机会，无疑是对他们辛苦努力的嘉奖。

一家大型公司要裁员了，下岗名单公布在公司内部的宣传栏上。内勤部的小灿和小燕都在裁员名单中。按公司规定，所有被裁人员，一个月后离岗。

那天，同事们看她俩都小心翼翼的，不敢在她们面前说一句关于裁员的话。因为她俩的眼圈都红红的。大伙心里都理解，这样的事情，摊到谁头上，恐怕都会难以接受。

第二天上班时，小灿心里憋气，情绪仍然非常激动，她什么也干不下去，一会找同事哭诉，一会找主任伸冤，对于她的本职工作，像传送文件、打印资料、收发信件等这些她应该干的活儿，全都扔在了一边。而小燕呢，她昨天得到这个消息后，心里也非常难过，她也昨晚哭了一个晚上。但她难过归难过，工作还是继续照常进行。小燕坐在这里，心想：“距离下岗还有一个月呢，眼下的工作还是要做好。”于是，她默默地打开电脑，拉开键盘，继续敲打文稿、通知。同事们知道她要下岗，都不好意思再找她打字了。她却并不在意，亲切地和大家打招呼，主动帮大家干一些力所能及的工作。小燕又像以往一样，满脸笑容，她说："是福不是祸，是祸躲不过。反正已经这样了，不如好好工作完这个月。在这里一天，就要踏踏实实地干一天。"同事们见小燕心态如此之好，也都像以往一样要她帮忙做这做那，"小燕，把这个文稿打出来，快点，我急用。""小燕，把这个传真发出去。""小燕，帮我把这份资料打印出来。"……

小燕总是连声答应着，手指飞快地点击着，辛苦地复印打印着，随叫随到，坚守着她那只有一个月的岗位，承担着她最后的职责。

一个月后，小灿如期下岗，小燕却被从裁员名单中删除，留了下来。主任当众宣布了公司老总的话："小燕的岗位谁也无法替代，像小燕这样对工作认真负责的员工，公司永远也不会嫌多！"

故事中两位员工同样的命运，不同的结局。为什么小燕能留下来呢？主要是因为她有一颗认真负责的心，不敷衍工作，无论在什么情况下，都要踏踏实实地做好自己手上的每一件事。这样认真负责的员工，是任何一家公司都想留用的。即使小燕被这家公司裁员了，她也不会发愁没有工作做，不是吗？

在现代职场上，人情味越来越淡薄，人与人之间的关系越来越冷漠。别人看的是你的态度与成绩。只要你在自己的工作岗位上，能够做到不敷衍，不抱怨，做好自己的手头工作，你自然就能在企业中高枕无忧，获得更好的发展平台和成长空间。

7 设法提高自己的工作能力

身在职场中的人，都是在为自己而工作的。区分人与人之间职位与待遇的决定性因素就是能力的高低。能力是一个人最重要的通行证。拥有过人的能力，就是事业成功的必要条件。我们要明白，即使具备优秀员工的能力也不一定会成功，但一个缺乏过硬职业能力的人，是一定不会成功的。

一个职场中人，他能力的高低，能够直接影响自己的前途，决定自己的成长经历。那么，如何才能提高为人处事的能力呢？这也是近些年来，许多人一直关注的问题。

想要提高自己的能力，需要在大量的实践中积累和提高，需要有一颗永不屈服的心。想要全面提升自己的能力，可以试着从以下几个方面进行加强。

1. 多读书，读好书

杨红是一家公司的文员。她每天的工作除了收发传真，接打电话之外，基本没有其他事情了。于是，杨红就想到，利用工作中的空闲时间读几本书。

由于杨红所在的是网络公司。于是，杨红就在周末去图书市场上买来了几本关于网页制作和编程的书。每天在工作之余，她就坐在自己的台位上翻上几页，两年下来，杨红已经能自己独立制作一个中型的网站了。

有一天，公司接到了一批急活儿，公司的网站设计师根本忙不过来。现在招聘新员工，肯定来不及。这让老板有些焦头烂额。这时，杨红敲开了老板办公室的门，告诉老板，自己可以试一试。

没有办法，老板只好让杨红试着编了几段代码。当杨红把代码拿给老板看时，老板惊呆了。他万万没有想到，一个前台小女孩，能够拥有这样的编程水平。当他得知杨红全是自己利用工作之余的时间自己通过自学，学会了编程时，老板不由得佩服起杨红来。就这样，杨红由一个前台的服务小姐，从接待员一下子成为了公司的网站设计师，工资翻了三倍多。

2. 勤学习，多实践

1862 年 9 月，美国总统林肯发表了《解放黑奴宣言》，这是美国历史上的一个伟大创举。有一位记者去采访林肯。记者说:“据我所知,上两届总统都曾经想过废除黑奴制,《宣言》也早在他们那时就起草好了,可是都没有签署它。他们是不是想把这一伟业留给您去成就英名呢?”林肯回答说:“可能吧。不过,如果他们知道拿起笔需要的仅是一点勇气,我想他们一定非常懊丧。”林肯说完就匆匆地走了。记者一直没有弄明白这番话的含义。

直到1914年林肯去世50年以后,记者才在林肯留下的一封信里找到了答案。在这封信里,林肯讲述了自己幼年时的一件事:“我的父亲曾经以较低的价格买下了西雅图的一处农场,地上有很多石头。母亲建议把石头搬走,但是父亲说:‘如果这些石头可以搬走的话,那原来的农场主早就搬走了,他也就不会把地卖给我们了。这些石头像小山一样高,并且还跟后面的大山连着,这里的石头哪里能够搬完呢?’有一天,父亲进城买马去了,母亲带着我们在农场劳动。她说:‘让我们把这些碍事的石头搬走,好吗?’于是我们就开始挖那一块块石头。我们干了一天一夜,把石头搬光了。因为它们并不像父亲想像的那样,是一座座小山头,而是一块块孤零零的石块。只要往下挖一英尺,就可以把它们晃动的。”

多读书,读好书;勤学习,多实践。只要我们能够做到这些,就能够快速提高自己的工作能力。通过阅读,我们能吸取大量有用的知识,并在实践中将自己学会的知识加以运用。

无论何时,我们都要保持积极向上的心态,学习和掌握服务社会的技能,能够自主地学习、积累,并加以实践,这样自己才能在激烈的竞争之中脱颖而出,得到别人的认可和尊重。

此外,勤于学习和付诸实践,还能让自己最大限度地发挥自己的潜能。一个人,他平时只发挥自己潜能的百分之五至百分之十,如果进一步开发自己的潜能,就能够做出更大的成绩来。只有这样,在自己能力得到提升的同时,自己的潜能也大大开发了,而你做出的业绩,也会远远大于你在此之前的期望。每一个职场中人都应该明白,没有人是十全十美的,任何一个人,不管他多么优秀,都会有缺点和不足之处。你的某些缺点和性格，恐怕一辈子都会追随着你。而提高工作能力，就是减少缺点，增加优点，让自己变得日渐优秀的主要途径。

任何一个在职场获得成功的人，都是从菜鸟成长过来的，也许，你现在水平很低，能力有限。这都不要紧，只要能够在自己的工作之中勤于努力，快速提高自己的能力，你就会逐渐成为能够独当一面的优秀员工。

当然，提高自己工作能力的方法有许多。上面所讲到的“多读书，读好书；勤学习，多实践”这两点只是最常见的，也是最实用的方法。当然，如果能够将这两种方法掌握好，并坚持下去的话，你的能力一定会在不知不觉中提高了许多，自然信心也就随之增加了。

8 “差不多”的结果是“差了很多”

在工作中，时常会听到有人会说这样的话：“不要太较真了，差不多就行了。”其实，这是一种工作态度的问题。许多事情，看似“差不多”，其实“差了很多”。有时候，成功与失败，就差那么一点点。

李大和赵六是两个一同来城里卖菜的农村人。他们在城市最繁华的菜市场里摆摊儿，而且两个人的摊位还挨着。

两个人在同一个批发市场进货。回到家后，李大总是会用水将蔬菜冲一下，这样使所卖的蔬菜看上去鲜亮；然后将黄菜叶子和烂菜根去掉，这样使顾客看上去，蔬菜干干净净的。而赵六呢，则会坐在家里的小凳子上抽上两袋烟，看上一会儿电视。

摊位上，李大的蔬菜总是码得整整齐齐，让人看着非常舒服，每天不到两个小时，菜就会全部卖光。赵六呢，总是将蔬菜往地上一摊，黄菜叶和烂菜根也从来没有清理过。结果，他在市场里蹲一天，菜都卖不完，最后只能烂掉。

慢慢地，李大开始自己租了个店铺，干起了蔬菜批发的生意。赵六则因为生意不好，生活拮据，最后回农村老家去了。

故事中的李大和赵六在同一个地方进货,只是由于细小的差异,导致了一个人在城里站住了脚;另一个却被生活所迫回到了乡下。

故事中的事如此,现实中又何尝不是如此呢?在工作中,许多人总感觉自己的水平和别人差不多,所做的工作也都一样,可是一到有了升职机会的时候,却总是别人"捷足先登",自己则"原地不动"。之所以会这样,原因就出在"差不多"上。你自认为与别人差不多,但就是差的那么一点点,就让别人拥有了机会,而你则什么都没有。

也许,你在工作中付出了很多时间和精力,付出了许多汗水和辛劳,当工作完成百分之九十的时候,你就放松了,感觉差不多了。但别人可能正是由于比你多做并做好了另外的百分之十而获得了本该属于你的机会!

拥有这种"差不多"念头的人,每家企业,每个组织都有,这些人每天准时上班,准时下班,却总不能按时完成工作;这些人忙忙碌碌,早出晚归,却从不愿意将任何一件事情做好。这种拥有"差不多"观念的职员,脑子里从来没有想过自己在做某件事情的时候,结果会是怎么样。他们一心想的是"哪天发工资","下班去吃什么饭"之类的问题,却从没有思考过自己为公司做过什么,带来过什么。"差不多"三个字,似乎已经成为了这类员工日常工作和生活中的行为准则。

"差不多"是工作中阻碍你前进的敌人,它藏在我们内心深处,时刻阻碍和制约着我们的成长与成功。在单位里,"差不多"随处都可听见:打包打得不规则,差不多就行了;产品质量是不是过关?差不多就行了;产品成本控制得不精确,差不多就行了……就是这一个又一个的"差不多"使工作陷入了困境,给公司带来了危害。

要知道,"差不多"的结果就是"差了很多"。正是因为"差不多",许多企业的业绩一直往下降,许多产品总是被加上二等货的标签。

1993年,国内小麦的价格开始上涨。许多农民都开始将自己的粮食存在家里,待价而沽。这天,一家民营面粉厂来了一个业务员。这名业务员走访了几家农民,向他们咨询粮食的价格。

农民们本就不想卖，便随口说道："粮食有的是，但我们不想卖。如果你真想买的话，1000块钱一吨。"

业务员便发电报给面粉厂，征求老板的意见。老板将电报拍在桌子上，气愤地对秘书说："这也太离谱了，现在最高的价格也不到900，真是乱弹琴。你赶快给他发个电报，告诉他不要，价格太高了。"秘书赶紧跑到邮局发了一份电报："不太高。"

没过几天，业务员将购销合同带回来了。老板感到莫名其妙，他明明发电报说不要进货了啊！后来才知道，是秘书在发电报的时候，漏掉了一个逗号，原来电文的内容是："不，太高"发成了"不太高"。老板一气之下，当场辞退了这名马虎大意的秘书，但是由于粗心，给企业造成的损失却是无法挽回的。

表面上看来，"不太高"和"不，太高"之间只是少了一个小小的逗号，可实际意义却截然不同，真是差之毫厘，失之千里啊。

这种"差不多"的心态实在是害人不浅。不管是企业还是个人，都要引起注意，千万不可陷入这个误区之中。

在做工作的时候，要多思考"差不多"差的那"不多"的一点儿，会给自己、给企业、给客户带来什么样的影响和危害。只有这样，我们才能真正地提高自己的能力，彻底告别"差不多"，真正让"差之毫厘，失之千里"的事情远离自己。

第二章　与公司共进退——明白自己的工作使命

1 将职业当成自己的事业

齐瓦勃自幼家境贫寒，他15岁就辍了学，开始了打工生涯。最初的时候，齐瓦勃来到一个小山村，做了一名马夫。这样的差事，是许多同他一样的贫苦孩子的首要选择。整天混迹在没有知识，没有素质的马夫中，齐瓦勃并没有灰心丧气。他将马夫这个职业当成了自己的事业来对待，每天，他都尽力把自己本职工作做到尽善尽美。

在当了三年马夫之后，由于齐瓦勃做事细心。被当时名噪一时的钢铁大王卡内基看上了，他将齐瓦勃招到自己名下的一个建筑公司去打工。

这个行业是齐瓦勃从来没有接触过的新行业。他想要将这份工作做好，是有着相当大的难度的。但是，齐瓦勃从一进入这家企业开始，就抱定决心要做一名最好的员工。他又将这份工作当成自己毕生追求的事业，拼命地努力着。当其他工人都在抱怨薪水太低的时候，齐瓦勃在工作；当其他员工在休息的时候，齐瓦勃还在工作；当其他员工在消极怠工的时候，齐瓦勃依然在工作。他就这样认认真真、踏踏实实、勤勤恳恳地工作着，默默地积累着自己的经验。

此外，齐瓦勃还抓紧利用一切业余时间，学习一些与建筑和管理相关的课程，用知识来武装自己。在工作中，齐瓦勃从来不会浪费时间。有一天，同事们聚在一起闲聊，只有齐瓦勃倚靠在一个角落认真地读着书。这时，正好公司经理视察工作。当他看到认真读书的齐瓦勃时，他好奇地问："你平时工作那么累，为什么不休息一会儿呢？"齐瓦勃说："我们公司并不缺乏能干的人，但缺乏管理类的人才。所以，我抓紧时间学些管理上的知识。”总经理听了这话十分高兴，他默默地记下了这个年轻人的名字。不久，齐瓦勃被提拔为技术师。

将工作当成事业来做，这是齐瓦勃一贯的信念。正是在这股信念的鼓励下，齐瓦勃依靠自己的努力，一步步升到了总工程师的职位。在他35岁那年，他又被提升为这家公司的总经理。

当时，卡内基公司里有一个叫琼斯的合伙人，他是个天才的工程师。有一天，琼斯在筹备公司最大的布拉德钢厂时，他认识了齐瓦勃。当他发现齐瓦勃过人的工作能力和优秀的管理才能时，不禁喜上眉梢。于是，琼斯找到了齐瓦勃，他问齐瓦勃为什么做了总经理还是这么早来公司，许多工作还是亲自操刀时，齐瓦勃回答：“我并不聪明，唯一自慰的是自己有点傻干的精神。只有这样做，我才能在遇到困难的时候，还能保证进度不受影响。”齐瓦勃的一席话让琼斯很是赞叹。在布拉德钢厂竣工后，琼斯向卡内基推荐齐瓦勃做了自己的副手，主管厂里的一切事务。

齐瓦勃正是凭着将工作当成事业的态度，从一个小小的山村马夫成长为卡内基钢铁公司的工程师，最后成为了知名的职业经理人。他靠的并不是运气，而是坚定的信念和超人的能力。从齐瓦勃第一天工作的时候起，他就以对待自己事业的态度对待公司的每一件事情。他并没有将工作当成谋生的工具，而是将其当成自己毕业追求的事业。终于，他获得了令人叹羡的成功。

将自己的职业当成事业，你对工作的态度将会有一个极大的改变。如果拥有这样的态度，不管多么枯燥、乏味的工作，你都能从中感受到它的乐趣，并津津有味地干下去。

职场上，许多人总是认为自己只是给别人打工，是在凭借自己的脑力或体力来谋取一份薪水，以此来养家糊口。因此，一旦进展不能顺利的时候，就会一味地抱怨、发牢骚。这样的人，最终还是个打工者，永远开拓不出终生属于自己的事业来。

如果你仅仅是将自己的工作当成谋生的工具,而从未将其当成自己事业的话,那你永远不会成为最优秀的员工,更不会得到迅速的升迁,也不可能在自己的工作中得到满足,更不要谈什么发展前途了。

那么,工作和事业到底有什么不同之处呢?工作指的是人从事的一项活动,它的功能是为自己换来饭吃;事业指的是一个人毕生追求的目标,为此目标他有着无穷无尽的奋斗不息的动力,更侧重的是一种社会活动。

一般来讲,一个人的工作是有限的,而他的事业是无限的。工作是阶段性的,而事业是一生的。工作仅仅是对某项理念和某种任务的执行。比如,你从事某项工作,并从中获取自己的报酬;事业则是你在工作中,自觉地发现不足,及时改正,将为企业做出贡献作为自己奋斗的目标,是发自内心地想要完成的事情。同样一件事情,如果你将其仅仅当成工作,你就会尽量保证不出错,仅此而已;如果你将其当成自己的事业,你就会为之而奋斗一生,想尽一切方法来将其做到最完美。最后,将事业当成工作的人,只是一个打工者而已;把工作当成事业的人,则有可能成为企业的领导者和决策者。

工作永远是交换薪水的工具;事业则是令你成就自我的平台。工作是枯燥乏味的;而事业则是快乐而充满激情的。那些将工作当成事业的人,往往会在平凡的岗位上成就一番大业。

职业交换薪水,事业创造价值;工作可能很辛苦,但事业一定很快乐。一个人要在激烈的竞争中占有一席之地,没有把职业当事业的态度,是不可能有所作为的。

那么,如何才能将工作当成事业呢?

(1)找到自己事业的方向,规划好自己的人生目标。要永远知道自己想要什么,如何得到自己想要的东西,同时享受自己不断努力的过程。

(2)拥有积极的态度,明晰自己的职业方向。永远知道自己在工作中应该学会什么,以及如何去做,在做事方式上的成功地一切成功的基础。

(3)激发自己的工作热情。善于自我激励,能够让自己拥有激情,拥有追求事业的信念和决心，精神鼓励不是别人从外面强加于自己的，更多的是自我激励，自我肯定。

(4)锻炼自己的执行能力。在任何一家企业工作，都要具有坚定的执行力。要知道，任何事情，有了集体智慧和果断决策，更需要的则是坚定的执行，我们的执行能力往往在很大程度上显示出我们自己不同于一般的水平和毅力，而这一点正是我们展示自我获得升迁的契机。

2　公司的发展与个人息息相关

在职场上，员工的个人利益永远是与公司的整体利益密切相关的。作为一名优秀的员工，关心公司的命运就是关心自己的命运，关心公司的发展前途就是关心自己的发展前途。如果一个公司没有了发展空间，那么个人的发展空间自然也就没有了。当你全身心投入到工作中，一心为公司着想时，你就会很容易得到老板的认可和赏识，这样一来，你在这家公司的发展前景会一路光明。你所渴望的升职与加薪，就离你很近了。因此，当你进入一家公司的时候，应该将自己的个人发展融入到公司的发展中去，只有这样，你才能够与公司一起成长，一起发展，一起壮大。

2000年，郝天来从大学毕业，来到了深圳华为公司。在这家公司，郝天来并没有像许多初入职场的大学生那样做事缩手缩脚，说话谨小慎微。而是表现得异常活跃，颇有一股“初生牛犊不怕虎”的劲头儿。在刚刚工作的那段时间，郝天来经过悉心观察和仔细研究，给华为总裁任正非写了封名为《千里奔华为》的信。

郝天来在信中，提到了华为目前所处的困境和面临的问题，并针对这些问题提出了一系列有见解的方法。任正非看到信后，拍案称赞。

同时，这封信也改变了郝天来的职场命运。试想，一个刚刚毕业的大学生,一个刚刚来到大公司的小职员,就能够给华为这么成熟的企业提出合理化建议,这在别人看来,是件不可能做到的事情。

当任正非仔细地阅读并思考过这封信后,他被这个有闯劲的年轻人感动了,于是,他破例提拔郝天来做了部门的副经理。这样一来,这个初出茅庐的小伙子,一步登天,进入了管理层。

故事中的郝天来是个幸福的职员。但是,往深层次想一想,他这份幸运正包含着对这家公司的赤胆忠心。试想一下,为什么那么多的新员工,只有郝天来敢于为华为提建议,为什么只有郝天来所提的建议得到了领导的赏识?在这个人人平等的机会面前,为什么只有郝天来成为了幸运儿?

最根本的问题就是,郝天来将个人命运与公司命运紧紧联系在了一起。他考虑到了公司的发展空间和未来前景。他将这些事情当成自己的责任和义务,并不是像大多数同事那样,战战兢兢地工作,生怕哪天把饭碗弄丢了。正是由于郝天来这种将个人的命运与公司的命运紧密联系在一起的思想方法和工作方式,使他获得了别人梦寐以求的机会。

正如当时任正非对郝天来的评价一样:郝天来是个热爱公司的人,他敢于在领导面前讲真话。要知道,在现代社会,讲真话是需要勇气的,更是需要理由的。因此,郝天来得到了老板的青睐。当公司宣布郝天来的任命时,许多同他在一起工作的同事都自惭形秽,低头不语。

在任正非和华为管理层看来,郝天来是个有思想,敢直言的好职员。他将公司当成了自己的事业,当成了自己的家。这是一种关心公司的行为,而这种行为,也是华为一直大力提倡的。

实际上,在现代职场中,许多员工都心胸狭窄,目光短浅。认为自己上一天班拿一天工资。公司的发展与自己没有任何关系,公司变好或变坏是老板的事情,对自己没有任何影响。

在这些人眼里,如果谁关心公司未来的发展,那就是脑子进水了。有些员工甚至认为,自己属于被剥削的穷人阶级,老板属于资本家,每天都在赚取自己的剩余价值。因此,这些人从来不会努力工作,在工作中,能偷懒的时候肯定偷懒。这样的员工首先是缺乏职业道德,其次,抱着这样的心态去工作,是很难将工作干好的,更难得到老板的信任。

要知道,公司的发展与你个人发展息息相关,只有公司发展好了,赚到钱了,老板才有能力为你发放更多的薪水。如果公司经营不下去了,那你连工作的地方都没有。因此,一个优秀的员工,要关心公司的发展,与公司共进退。对于那些想在公司里有长期发展的员工来讲,下面的几点值得参考。

(1)拥有全局意识,摆正自己的位置

作为一名优秀的员工,要拥有全局意识,能够努力工作,为公司的发展尽自己的一点力量,将自己当成公司的主人,而不是公司的雇员。只有公司发展好了,自己才能获得更大的发展空间和施展才华的平台。

(2)热爱你所在的企业,才能谈到责任心、敬业精神

既然在这家公司工作,就要热爱自己的企业。对公司漠不关心的人,很难得到领导的赏识和提拔。一个连自己公司都讨厌的人,还怎么去奢求他能拥有什么责任心、敬业精神呢?因此,要懂得热爱自己所在的企业,这是作为一名优秀员工必备的基本素质。毋庸讳言,对公司的发展毫不关心的人是无法得到领导的信任和提拔的。

(3)善于发现公司的不足,并勇于提出意见

一家公司想要长期发展,最依赖的就是那些敢于说实话的人。要知道,任何一家公司,都存在着这样或那样的缺点和不足。作为公司的一分子,如果发现公司哪里有错误,敢于提出自己的意见,避免让公司走弯路。以上的三点如果做到了,那你就是公司的中流砥柱,也是真正的忠诚于公司的人。这样的员工会将自己个人的命运与公司的命运紧紧联系在一起,与公司同进退,共存亡。

3 让自己成为最优秀的员工

如果你想在职场上出人头地，就要想办法让自己成为最优秀的员工。如何让自己成为优秀的员工呢？答案是努力工作。要知道，即使是再平凡的位置，也蕴藏着巨大的机会。“危机、危机”，先有“危”，才能有“机”。只有你在日常工作中做到最完美、最优秀，你才有机会引起领导的注意，才有机会得到提拔和任用。

不要总认为别人对自己期望过多，也不要对自己期望过高，要实事求是，脚踏实地地从一点一滴中慢慢前进。但是，如果别人在你的工作中找到失误，那你就有需要改进的地方。此时，你不需要去编造理由去捍卫自己，需要的是默默努力，让别人对你刮目眼看。

每个人在职场中都可能遇到不同的机会，很多时候，想要让自己成为最优秀的员工，都需要将自己“置之死地而后生”。要知道，只有遭遇绝处之时，才会再逢生机。

1992年夏，王雷大学毕业开始求职。他来到了西安，在西安待了几个月，始终没有找到工作。王雷非常难过，心想：“西安城之大，竟没有我的容身之地啊！”一无关系二无技术之长的应聘毕业生王雷很快就沦落为一个四处打零工、三餐不继的人了。

9月中旬的一天，王雷依然像往常一样游走在西安的大街上。但是，这一天他“弹尽粮绝”，饭都吃不上了。但是他却没有想到，这一天竟成了他生命的转折点。

那个阳光和煦的午后，王雷在大街上漫无目的地走着，路过一家大酒楼时，他停住了。有多久了，他不曾吃过一顿有酒有菜的饱饭，光亮整洁的餐桌，美味可口的佳肴，还有服务小姐温和礼貌的问候，这一切离他多么遥远，却又令他多么向往。

忽然，王雷心中升起一股不顾一切的勇气，推开门走了进去，选一张靠窗的桌子坐下，然后从容地点菜，但他并没有无所顾忌，只简单要了一份鱼香肉丝和一份扬州炒饭，想了想，又要了一瓶汉斯啤酒，坐在酒店里，看着窗外来来往往的行人，王雷的心中真是别有一番滋味。

吃过饭，他将剩下的酒一饮而尽，借酒壮胆，努力做出镇定的样子对服务员说："麻烦你请经理出来一下，我有事找他谈。"

经理很快出来了，是个50开外的中年人。王雷问他："你们这里需要雇人吗？我来打工行不行？"

经理愣住了："怎么想到这里来找工作呢？"王雷恳切地回答："我刚才吃得很饱，我希望每天都能吃饱，我已经没有一分钱了，如果你不雇我，我就没办法还你的饭钱了。如果你可以让我来这里打工，那就有机会从我的工资中扣除今天的饭钱。"

经理忍不住笑了，打个手势向服务员要来他的点菜单看了看说："你并不贪心，看来真的只是为了吃饱饭。这样吧，你先写个简历给林经理，看看她可以给你安排个什么工作。"

此后，王雷开始了在这家酒店的打工生涯，历尽磨难，他从办公室文秘做到西餐部经理又做到酒店副总经理。

千里之行，始于足下，只要我们抱定决心，留心周围的每一个微小的可以改变自己命运的机会，并牢牢抓住它，然后通过自己的不懈努力，你就能够成为最优秀的员工。

但是，在现代职场上，许多人总是感觉"最优秀的员工"的那个标准，距离自己太远了，反正也是做不到，不如能做什么样就是什么样子吧！

正是因为这样想，他们才会轻视自己的工作，平时做事马马虎虎，能敷衍就敷衍，这样的结果会导致自己一生都处在职场的最底层，很难有出人头地的一天。

对于那些不敬业的人来说，独自叹息命运的冷酷、职场的无情是没有用的，这样的结果对于他们来说，是必然的结局。实际上，做个优秀的员工并不难，只要你对每一件事情都能够竭尽全力，你就能够在很短的时间内取得很大的自我提升，进而让自己变得更加优秀。

另外，成为最优秀的员工，对我们个人的生活也会有很大的改善。要知道，任何一家企业最优秀的员工往往都能拿到最高的薪水，而你所领取的薪水高了，你的生活质量就会更好些，生活条件就能得到改善。

努力拼搏，踏实奋斗，是成为最优秀员工的必要条件。许多人之所以在职场上不得志，就败在他们工作不努力，态度不踏实上了。公司中的领导也不是傻子，他们会对你暗中观察和考核，如果你并不能让他们对你产生信任，那你就危险了；如果你的努力和辛劳得到了他们的认可和称赞，那你的提升也就指日可待了。

4 将工作视为生命的一种本能

许多人在与别人谈起自己的工作时，总是夸夸其谈，诉说着自己在公司是多么了不起。这样的人，往往都是些眼高手低的人，他之所以夸夸其谈，是因为在公司里得不到重用，夸夸其谈，只是一种心理上的自我安慰罢了。

真正优秀的员工，总是能将工作当成自己生命的一种本能，从来不在人前吹嘘，只会不声不响地将自己的青春与汗水挥洒在职场上。一个人只有热爱自己的工作，并将其当成自己毕生的事业，才能够在职场上闯出一片天地。如果厌恶自己的工作，那最终的结果必将是一事无成。引导你在职场获得成功的磁石，永远不会是对工作的鄙视和厌恶，而是对工作真挚、乐观的态度和百折不挠的毅力。

工作所能带给你的，远远超过你的想象。如果你能够将工作当成自我提高、自我升华的机会，那你肯定能够将自己的能力发挥到极致。任何一个人，都想在职场上有所作为，但想要在职场上获成成功，首先就要对工作有一个正确的态度，要将其当成自己生命中的一种本能。

在一家企业中，即便你是很不起眼的小角色，也要以积极主动的态度去完成每一个领导交派下来的任务。不管你所做的事情是多么微不足道，多么枯燥乏味，都要学会在枯燥中寻找乐趣，在乏味中寻找生机。拥有了这样的工作态度，不管什么时候，做什么样的工作，都会取得很好的效果。

对于那些真正的职场中人而言，不管他们做什么事情，都不会降低自己人格的尊严，都不会看不起自己的工作。

如果你认为自己的工作是卑贱的，那你就犯了一个巨大的错误。工作级别有高低之分，工作本身没有贵贱之别。不管什么样的工作，都要将它看成是自己通向成功之路的一个跳板。但是，许多人仍然看不起自己的工作，认为自己所做的工作是低微的，自己是卑贱的。其实，这样的人永远无法意识到什么才是工作真正的价值。这样的人，很难在自己的工作岗位上做出什么像样的成绩来。

诚然，有些职业的工资待遇可能确实不算高，工作环境可能确实不算好。可是，事在人为。任何一个平凡、普通的行业，都可以造就优秀的员工，关键看你能不能将自己的心态放得平稳又平和。如果你能够将工作当成自己生命的本能，在工作中尽自己最大的努力做事情，不断提升自己的价值，那你的发展空间将会越来越大。

一位著名的企业家曾聘用一名年轻的女孩当自己的助手。女孩的工作是为企业家拆阅文件、分类信件、收发传真，等等。企业家付给她的薪水也和其他的助手一样，并不算高。

有一次，这位企业家口述了一句名言，并要那个女孩立即记录下来："请你一定要牢记，只要你努力工作，你能得到任何你想要的东西。"

女孩将打好的文件交给企业家，并若有所思地说："你今天的格言令我大受启发，这对我的一生都会非常有价值。"

这件小小的事情，并没有引起企业家的注意，但是那个女孩当时说话的神情却牢牢印在了他的脑海里。从那天起，女孩每天吃过晚饭，都继续回办公室工作，自愿加班干些并非自己分内的工作,此时的她,已经将工作当成了自己生命的一种本能。

她认真研究企业家的语言风格,以至于把这些回信写得和自己的老板一样好,有进甚至比企业家的回信更为出色。女孩一直这样默默地工作着,并不在意是否有人注意到自己的努力。终于有一天,企业家的秘书因故辞职了,在挑选合适的人选时,企业家自然而然地想到了这个女孩。在没有获得这个职位之前,自己已经身在其位了,这正是女孩获得这个职位的最重要的原因。当下班的铃声响起之后,女孩仍在加班。她坐在自己的座位上,继续忙碌着。终于,女孩凭着勤奋刻苦的工作赢得了企业家高度的认可。

到这里,故事并没有结束。这个年轻女孩如此辛苦地工作,引起了更多人的关注,其他公司纷纷提供更好的职位邀请她加盟。为了留住她,企业家多次提高他的薪水。后来,她的薪水与当初做普通助理时相比,已经提高了整整四倍。

故事中的女孩是一个聪明的女孩,她在工作的过程中,做了许多自己本职工作之外的事情,并且还不计酬劳地加班。这样的员工,正是许多企业家梦寐以求的优秀员工,而她的成功,正是自己努力的结果。

因此,所有的正当合法的工作都是值得尊重的,都有出人头地的机会。只要你努力了,没有人敢否认你的价值和贡献。而你,也会在职场上找回自信,赢得成功。

5 困难面前,与公司同舟共济

郭强是一家公司的销售人员。老板是一位既聪明又有头脑的人,他为人谦和,做事认真,郭强非常佩服他。所以,自打郭强进入这家公司起,他就打算在公司里好好做出一番成绩来。

郭强通过自己的努力,做出了不少的业绩,深得老板的赏识。看着公司的利润逐年递增，郭强的心里自然是非常高兴。老板也没有亏待郭强，他不但给郭强加了三次工资，还给他交了住房公积金。这样一来，郭强在公司的干劲更足了。

可是，三年后，由于赶上金融危机，公司的业绩直线下滑，资金链快要断裂了。正巧，这时公司接到了一个项目，但前提是需要大量资金。于是，公司将全部资金全投了进去，一时间捉襟见肘。无奈之下，老板召开全体员工大会，告诉大家由于公司资金紧张，这个月工资发不出来了，改到下个月发。为了让大家能够稳定心神，老板还说："大家不要担心，困难只是暂时的。公司正在做一个项目，等下个月资金就能周转开。我肯定不会差大家一分钱的，请大家放心！"可是，大多数员工，都半信半疑，担心公司要倒闭了。

随着项目的深入进行，公司的资金更加紧张了，几乎陷入了半瘫痪状态。此时，许多员工都陆续向公司提出了辞职，纷纷逃离这个快要破产的企业。

而郭强却并没有走，他留了下来。在这期间，有不少企业高薪招聘郭强，但他根本不为所动。他对这些人说："此时公司正面临困境，我要与公司同舟共济，无论如何也不会在这个时候离开它。"郭强的这一行为，令老板非常感动。半年后，公司投资的项目结束了，赢利非常可观，一举摆脱了困境。老板因为感谢郭强与公司同舟共济的忠心，提拔他做了公司的销售总监。

郭强之所以能够在职场获得成功，最主要的原因就是因为他在公司最困难的时候，没有选择放弃，而是选择了坚守，与公司同舟共济。这是一种忠诚！拥有这样人格的员工，公司怎么可能会不重用他呢？因此，不要在公司遇到困难的时候临阵脱逃，要学会与公司一起同风雨、共患难。

身在职场，你的命运与公司是紧密相连，互为一体的。如果公司是一艘行驶在海洋中的航船，你就是船上的水手。只有船行驶得安全，水手才能安全。如果有一天航船遇到了险情，那水手也将面临同样的险情。因此,你要尽到自己的责任,在自己的工作岗位上做出应有的贡献。作为一名员工,既然你选择了某家公司,就有责任、有义务与公司同呼吸、共患难,一同抵御风险,一起克服困难。你应该将自己当成公司的主人,而不仅仅是一个受雇佣的打工者。

在职场中,一定要对自己的公司忠诚,对自己工作忠诚,对自己的内心忠诚。公司是你生存发展、实现梦想的平台。你要想尽一切办法在这个平台上做出更大的业绩,以此来换取更多人对你的信任。当你所在的这个平台遭遇困境的时候,你最先要做的就是想办法与公司一同抵御风险,克服困难。而不是在这个时候逃离。只有能与公司风雨同舟、共同面对风险的员工,才是真正的忠诚的员工。

任何一家企业的发展史都不会是一帆风顺的,都会在不同阶段遇到各种各样难以预料的困难。但值得欣喜的是,每一场困难都像一面筛子,能够将那些不忠诚的员工筛走,留下那些忠诚的员工。而那些忠诚的员工,永远能够在公司陷入困境之时,与公司同舟共济,一起迎接困难和挑战。这样的员工,就是大浪淘沙后留下的"金子",也是公司日后发展壮大不可或缺的帮手。

现代职场,机会越来越多,诱惑也越来越大。如果没有与公司共同发展的决心和态度,很难在短期内做出什么成绩来。因此,不管是出于职业道德,还是考虑到自身前途,都要做一个能够与公司同舟共济的员工。这样,你不但能赢得公司信任,还能获得老板的重用,赢得更大的发展空间。

自己反省一下,是不是一进入公司时就抱有某种侥幸心理?当公司陷入困境的时候,你是否只想着赶快逃离这里?如果回答是肯定的,那你应该好好反省自己了。千万不能做这样的职场"小人"。要将自己与公司融合在一起,以积极的态度去面每一天的工作。这是做一名优秀员工最起码的素质。

如何做到与公司同舟共济呢?下面的几个建议或许会对你有所帮助:

(1)公司的前途就是自己的前途

公司发展得好了,你个人自然会有更好的发展机会。公司所赚取的利润大了,你个人自然也会从中分得一杯羹。如果你是从一家全国知名乃至世界知名的大企业走出来的优秀员工,你走到哪里都会受到欢迎;如果你是从一家破产的公司走出来的求职者,你将很难找到工作。

(2)与公司风雨同舟,共同进退

如果公司是一棵大树,你就是树上的一片叶子。只有大树不枯萎,你才会生活得很安稳。如果大树倒下了,你也很难在树上生存。同样的道理,如果公司发展得不稳定,你也同样难有一种稳定的感觉,会时时担心自己失业,整天生活在忧虑中。因此,要懂得与公司共同成长,共同进退。

(3)不管遇到什么困难,都要奋勇向前

当公司遇到危机的时候,你就甩手走人,离开那里,这是一种极不负责的行为。即使侥幸进入了一家更优秀的企业,你也很难得到他们的信任。一个在公司遇到困难就迅速离开的员工,很难有立足之地的。既然选择了一家公司,就要做出一番业绩来。在什么样的困难面前,都要昂起头,奋勇向前。

6　对自己的工作要有认同感

工作能力与生活水平有着密切关系。那些工作能力强的优秀员工,大多属于高级白领,生活条件自然非常宽裕。而那些工作能力弱的员工,赚得薪水不高,生活条件自然非常艰苦。可见,工作与我们的生活息息相关。

工作不但与我们个人的生活有关系,与社会的发展也有极大的贡献。试想,如果没有许多人辛苦的工作,我们从哪里来的电脑、电视？从哪里来的那么多美味食品？又从哪里来的那么多游戏和玩具？如果我们不工作,我们就无法得到社会的认同,自己的个人价值也没有丝毫发挥的地方。可是,不同的员工对待工作的态度和心理截然不同。而正是由于态度和心理上的极大差异,造成了截然不同的职场命运。

一家西餐厅里急需服务员,于是,就在城市最显眼的地方张贴招工广告,在报纸上发布信息。最后有三个人前来报名。三个人同时得到了这份工作。工作几个月之后,三个人都对工作有了不同的感受。恰好,正好赶上了五一劳动节,一个电视台的记者来到餐厅采访了他们。面对同样的工作,三个人有着不同的感受。

记者采访第一个人的时候,他正在有气无力地打扫餐厅,记者问,你认为在西餐厅工作有意义吗?

第一个服务员白了记者一眼说:“餐厅的工作真是无聊透顶,别人吃饭我站在旁边看着,心里早就烦透了!可惜,我没有一个当官的爸爸,所以命苦啊,只能站在这里伺候人!”

记者又采访了第二个服务员,第二个服务员的态度比第一个服务员好很多。当记者采访他的时候,他正在折叠餐巾纸。当记者把刚才问过的话题重复了一遍之后,他说:“这个工作很枯燥,工作时间很长,不过工资还好,要比一般的小餐馆高出很多,我为了尽快存下一笔钱结婚,所以,我选择了这个工作。”

最后,记者又采访了第三个服务员,当时,他正在精神饱满地向顾客推荐一款美味的黑胡椒牛排。当客人点好餐之后,服务员很有礼貌地拿着菜单离开。然后,记者利用休息时间对他进行了采访。这次,记者又向他重复了那个问题:“你认为在西餐厅工作有意义吗?”

第三个服务员神采奕奕地对记者说:“我认为自己正在做一项非常了不起的工作!”

他的回答很出乎记者的意料,记者又问:“为什么这样说?”

他说:“俗话说:民以食为天,我们在做一项像天一样重要的事,怎么能不让我浑身充满力量呢?”

第三个服务员对工作的态度深深地感染了记者，后来他写了一篇题为《民以食为天》的文章，发表在报纸上，很多人通过报纸知道了这个服务员的工作态度之后，都特地赶来，享受一顿美餐，这个西餐厅的生意也因为这个服务员的工作态度变得更为兴隆了，老板很快就提拔这个服务员为店长，第一个服务员由于消极怠工，被老板辞退了。

同时进入餐厅工作的三个人，对同样的工作有着完全不同的感受。为什么会这样呢？最根本的原因是他们对自己的工作都有着不同的认识。正是由于不同的认识，造就了不同的工作态度；不同的工作态度，造就了不同的价值观；不同的价值观念，造就了他们不同的人生。

可见，想要在职场获得成功，最为重要的一点就是对自己的工作要有认同感。只有对自己的工作有认同感，才会心甘情愿地付出更多的时间和精力去将自己的工作做好。即使你所从事的工作不是我们喜欢的，或者根本不适合你，你也可以学到经验和技巧之后再做出最后的选择。

但是，一旦我们认定了某种职业，就要多加学习和思考，想办法在自己的工作领域做出贡献。只有这样，你才会打起精神，不断鼓励自己，向着更高更远的地方看去。如果有幸你所从事的正是你梦寐以求的，那你就更要加倍努力了。对自己的工作有认同感，你的动力才会更足，成功的可能性才会更大。

有这样一位年轻人，他最大的梦想就是能够进微软公司去工作。他从小就听说过微软创始人比尔·盖茨的故事。他认同微软的理念，并十分渴望能成为微软公司的一员。

于是，他直接来到微软人事总监的办公室。他一进门就说明来意，希望能给他一个面试的机会。微软人事总监答应了。可是，年轻人面试得一塌糊涂。人事总监拍着他的肩膀说："小伙子，我看你好像准备不充分，等你准备好了再来吧。"

三天后，年轻人又一次来微软应聘。但这次仍然没有成功，人事总监还是那句话："好好准备下吧，准备好了再来。"就这样，这名年轻人先后踏入微软超过了五次。最终，微软公司被他这种精神打动了，破例录用了这名年轻人，并将他当成公司的重点培养对象。

故事中的年轻人正是凭借对微软有着十分执著的精神打动了微软公司。或许，在他的心中，能够进微软是自己必须完成的一种使命。一个能将某种工作当成自己使命的员工，还有什么公司会拒绝他呢？

那些能将工作当成使命的员工，他们从来都是虚怀若谷的，不会因为自己某一方面的成就而盛气凌人。他们从来都能清醒地对待自己，正视现实，积极主动地迎接工作中的一切困难和挑战。

能够将使命贯穿在工作中的人，就能够在布满荆棘的职场之路上奋勇前行，不管遇到什么样的困难和挫折，都能够依靠自己的勇气和信念获得成功，因为他们已经将工作当成了自己的一种使命。

7 探寻自己的工作使命

微软总裁比尔·盖茨曾经说过："职业是人生的使命所在，没有职业就没有使命。那些流浪在大街上的乞丐，他们靠乞讨过日，没有任何使命感。因此，他们作为人也就失去了意义。"

身在职场，每个岗位的员工都有自己肩头必须担负的使命。如果在日常工作中，担负起自己的使命，就能够将全部精力都投入到工作中，进而提高自己的能力。那些能够将自己的工作当成使命的人，其积极性、主动性必然能大大提高。职场上，每个人的工作能力固然不尽相同，但并不代表工作能力强就是优秀。那些能将工作视为自己使命的人，即使暂时能力并不高，也能够让人充分信任他们。如果再加上自己的努力，取得一系列辉煌的成就，这样的人才是最优秀的。那些对工作充满使命感的员工和普通员工的区别就是：**将工作视为自己使命的人，更加懂得什么是责任，什么是忠诚。他们会为自己的一个承诺，一份理想而奋斗不止。**

职场中，让自己富有使命感并不仅仅是领导的专利，也是每一个优秀员工所必须具备的素质。作为一名员工，你只有意识到自己与公司是一体的，将公司发展壮大是自己的工作使命，你才会真心实意、尽心尽力的去做好每一件看普通的小事。也只有这样，你才能为自己赢得更广阔的发展舞台。因此，应该寻找和建立自己的使命感，并将其融入到自己的工作中。

然而，令人遗憾的是，许多员工似乎并不知道自己的使命是什么，也从来不认为工作是什么使命，只是自己赚钱养家糊口的工具而已。这样的人，就很难有进取心，很难将自己的潜能发挥到最大，也很难得到公司的信任。正是如此，你想要在公司中得到长足的发展，就要在工作中建立一种使命感，意识到自己不单单是在为公司赚钱，也是在为社会做贡献。同时，你还要明白，如果你离开离企业，除了自己断了收入来源外，企业也会遭受很大的损失，你是企业成功不可缺少的一部分。

既然在公司中工作，要清醒地意识到自己的工作使命。有了使命，就会有责任感，就会为不辱使命而努力。使命感能激发你的潜能，也能唤醒你的良知。懂得使命的人，也就懂了责任和真诚。

在一列高速行驶的火车上，一位孕妇临产，列车员广播通知，紧急寻找妇产科医生。这时，一位妇女站出来，说她是妇产科的。女列车长赶紧将她带进用床单隔开的病房。毛巾、热水、剪刀、钳子什么都到位了，只等最关键的时刻到来。

产妇由于难产而非常痛苦地尖叫着。那位主动站出来的妇女也非常着急，将列车长拉到产房外，说明产妇的紧急情况，并告诉列车长，她只是妇产科的护士，并且由于出了一次医疗事故，已经被医院开除。今天这个产妇的情况不好，人命关天，她自知没有能力处理，建议立即送往医院抢救。

列车行驶在京广线上，距最近的一站还要行驶一个多小时。列车长郑重地对她说："你虽然只是护士，但在这趟列车上，你就是医生，你应该有这个能力，我相信你！

车长的话感染了护士，她准备了一下走进产房时又问："如果万不得已，是保小孩还是保大人？"

"我们相信你。"

护士明白了此时自己正担负着一种医生的使命，于是，她擦了一把刚才由于紧张而冒出的冷汗，坚定地走进产房。列车长轻轻地安慰产妇，说现在正由一名专家在给她手术，请产妇安静下来好好配合。出乎意料，那名护士几乎单独完成了她有生以来最为成功的手术，婴儿的啼声宣告了母子平安。这名护士呢，由于这次手术的成功。一家大型医院又给了她再次工作的机会。她通过自己的努力，成为了一名知名的主治医师。

故事中的这名护士正是在最关键的时候找寻到了自己的使命，才会尽自己最大努力成功地完成了手术。那对母子是幸福的，因为遇到了热心人；但那位护士更是幸福的，她不仅挽救了两个生命，而且找回了信心与尊严。因为责任，因为信任，她由一个不合格的护士成为了一名优秀的医生。因此，在生活当中，对别人多一分信任感，对自己多一点使命感，生活才会变得更加美好，世界才会变得更加明亮。

许多职场专家都一致认为：强烈的使命感能提高员工的努力程度和工作能力。如果企业中每名员工都能将自己的使命当成生命一样去捍卫，就会以自己所从事的工作为荣，将自己当成团队这个工作链条中不可缺少的一环。而且，这种使命感让员工能够更加努力，尽自己最大努力去完成工作任务。

作为公司业绩的创造者——员工。应该给予指点和鼓励，让他们更加有信心地迎接未来。因此，如果你想要在职场中有所作为，就要从现在培训员工的使命感，让他们更加从容而高效地在职场中拼搏。

8　平凡的工作中蕴藏着不平凡的使命

为什么人需要工作，工作的目的是为了什么？我们每个人都应该心里明白，工作是人与生俱来的一种责任，这是每个人不可逃避的一种使命。

从大自然角度来看，似乎万物冥冥之中都已经做了安排，万物生灵都有了自己不同的归宿，比如，蜜蜂的使命是要自己辛勤地去采花酿蜜，蚂蚁的使命是要不停地去筑巢采食，候鸟的使命是不同的季节，南来北往地迁徙住所，然而看家狗则必须忠诚地看住自己主人的家门。

对于身在职场的人来说，工作是我们必须承担起的一种天职。自从人来到这个世界上，小时候，是通过自己父母的劳动所得，获得赖以成长的物质基础，长大以后，则必须要通过自己的辛勤劳动获得自己生存所应该具备的东西。因此为了生存就必须承担起自己的天职，那就是工作。

工作是什么？简单来说，实际上就是每天为了生存，每天起床后从上班到下班之间所做的事情，它就是每个人生存的一种工具，假如说我们不去工作，我们就没有饭吃，没有生存的能力，假如我们不工作就失去了存在的价值和意义，因此只有工作才能体现自身的价值，才能找到自己的乐趣，所以它既是一种生活方式，同时也是人自身价值的一种体现。因此，更准确地说，工作就是一种职业，它包含了人们对工作的一种态度。对于天职一词来讲就是意味着这是命运安排的与生俱来的责任，你是不可以推卸和逃避的。

一辆公交车从路上快速地驶来，车上装满了怀着梦想在这个城市拼搏的人们。这是一辆大连市公汽联营公司的702路双层巴士，这天的驾驶人员叫黄志全。

车子在市区行驶着，车上的乘客有的在开着玩笑，有的在快乐地聊天，有的在低头打着瞌睡。在这个充满欲望的大都市里。

许多人都整天处在一片茫然中，有些不知所措。现在的快节奏生活，使得许多人都已经忘记了自己是谁，忘记了自己的梦想，忘记了自己的责任……

这些日子，黄志全师傅身体一直不大好，头有些发沉，胸部有些发闷，加上心脏不大好，他本该在家休息的，但黄师傅是闲不住的人，心里总惦记着工作。于是，他又像往常一样，坐在了702的驾驶座位上，继续着他的工作。

车开到半路，黄志全师傅忽然感到身体不舒服，他知道是自己的心脏病突然发作了。在这个时候，黄师傅已经发现自己不行了。在生命的最后一分钟，黄师傅用尽平生最后一点力气，用意志控制着自己，做了以下三件事：

第一，把车缓缓地停在马路边，并用生命的最后力气拉下了手动刹车闸；

第二，把车门打开，让乘客安全地下了车；

第三，将发动机熄火，确保了车和乘客、行人的安全。

他做完了这三件事，安详地趴在方向盘上停止了呼吸。黄志全师傅在生命最后一刻的这番举动，让所有的大连人都感到温暖，也让所有的大连人都记住了他的名字。

黄志全在生命的最后一刻，停下车来确保了乘客的安全。他用自己的生命完成了自己作为一名司机的使命，展现出了自己人格最伟大的一面。

所以说，一个人只有把自己的潜在能力转化成价值，自己才会有价值。而要做到这一点，你必须先付出，让社会或者说其他人先享受你所创造的价值，并努力使自己变得更有价值的时候，你的价值才会得到社会和他人的认可，才能得到你所期望的回报，从而促进事业的成功。

生活中，每个人都是拥有无限潜能的，只有把自己的潜能转化成价值，自身的价值才能得以体现。而要做到这一点，你必须先付出，让社会来认可你所创造的价值，你才能得到你所期望的回报，在事业上获得真正的成功。

在湖南省长沙市，有一座名为“华泰大厦”的建筑物，这座大厦建于1918年，它的设计者是德国一名叫施默特的设计师。

施默特在设计完这座大厦后，曾经向当时的使用者声明楼房的设计年限为80年，80年后的工作人员会向未来的使用者下发通知函的。施默特的这番话，并没有被多少人放在心上。大家都笑话施默特太较真了，施默特只说了一句话：“这是我的工作使命！”

转眼到了20世纪末，“华泰大厦”在漫长的岁月中不知不觉度过了80个春秋。此时的大厦已经有些破旧了，但由于当初设计得精心，因此有许多商家还一直在大厦内办公。人们每天穿梭在大街小巷上，游走于钢筋水泥之中，为生活忙碌地打拼着。而“华泰大厦”也在不知不觉中穿过了80年的风雨，走过了80的沧桑。在这漫长的岁月里，它始终为人们提供着舒适的环境和贴心的服务，让几代人在它的恩泽中度过了一年又一年。

有一天，大厦的设计者远隔万里，给这幢大楼的业主寄来一份信函。信函上是这样写的：华泰大厦为本事务所在1917年所设计，设计年限为80年，现已超期服役，敬请业主注意。此时，人们才想起大厦的设计者——施默特，大家的内心中除了感动，更多的是尊敬。施默特多年以前的一句话又一次回响在人们的耳边：“这是我的工作使命！”

施默特不愧是优秀的设计师，他将自己的人生使命蕴藏在了工作中，令人感慨，又让人满怀敬意。在我们的职场生涯中，要时刻牢记：工作中，蕴藏着你的人生使命！

第三章　先付出后收获——奉献得越多，得到的也就越多

1 努力工作，不要心存抱怨

在一次同学聚会上，毕业两年半的李明遇到了他大学时的导师赵老师。在上学的时候，赵老师一直很看好李明，感觉他学习踏实，聪明伶俐，毕业后肯定能大展宏图，在职场实现他的人生价值。正因如此，赵老师对李明格外照顾。

聚会上，许多同学都谈起了自己在职场的经历，有喜有忧，短短两年多的时间，有的同学已经做上了部门经理，有的还没找到工作。轮到李明的时候，他双眉紧锁，闷闷不乐。赵老师看到李明这个样子，知道他肯定在工作岗位上做得不顺心，便悄悄地问李明："你现在工作怎么样？还顺利吗？"赵老师如此一问，李明心里的不快和委屈一起迸发出来，他长长地叹了口气。

大家的目光都投向了李明。李明愤愤地说："我真的没有想到，职场与学校竟如此不同！我现在发现我根本就不喜欢现在的工作，在公司里，每天都没有什么事，一天天地混着日子。很难看到老板，我感觉他根本就不知道公司里有我这个人，我根本没有发挥的机会。再加上工资低得可怜。有时候想想，感觉自己真是没用。这破公司，我真不想待下去了。"

赵老师平静地问："你现在是不是每天在公司里都没有精神，老想睡觉？"李明回答："是啊，赵老师您真神了！在这破地方，如果好好工作感觉都对不起自己。"

听李明这么说，赵老师的脸一下子沉了下去，他严肃地说："李明，你现在思想有问题。不是你的工作糟糕，而是你现在的思想糟糕。职场上，没有人会永远顺利，当不顺利的时候，要想办法改变困境，而不是整天抱怨。"

赵老师的一番话点醒了李明，他仔细想想，发现确实是这样。自己已经让糟糕的心情蒙蔽住了自己的眼睛，根本就没有心情工作，只是整天生活在抱怨中。这样的状态，怎么可能会有发展空间呢？

从这以后，李明积极地面对工作，再也没有抱怨过。他现在终于知道：丢掉抱怨，努力工作才是通向成功的最佳捷径。

在现代职场上，你总是会经常遇到这样的人：整天抱怨自己的工作，感觉自己没有用武之地。这样的人常说的一句话就是："这是什么破地方，我都快累死了，才挣这么点钱！"这反映出的是一种好高骛远的心态。这样的人，永远都生活在抱怨和不满中，也会在抱怨和不满中走向沉沦，最终荒废了自己的大好年华。

抱怨自己工作的人随处可见，抱怨似乎成为了一种发泄不满的最佳方式。之所以会这样，最根本的原因是这些人感觉自己在公司中得到的东西还不够，没有达到自己的期望值。可是，这些人从来就没有想过，自己是否真正的努力过，自己给公司带来了什么。这些一味只想索取而吝惜付出的人，除了抱怨，他们已经没有其他的途径来宣泄自己心中情绪了。通常，那些喜欢抱怨的人总是戴着有色眼镜，总是能挑到公司的毛病，挑到同事的毛病，却从来没有在自己身上找过原因。这样的人总是会在抱怨中让机会与自己擦身而过。

大多数抱怨的人，总是在困难面前找不到解决的方法，只能用抱怨为自己寻求一个为自己辩解的借口。而他们的青春，在不停的喋喋不休中渐渐消逝。

从心理学上来讲，当人遇到不顺心的事情时，会产生气愤和怨恨，这是正常的。但是，如果将这种气愤和怨恨当成了一种解脱，那只能证明你是个懦夫！同时，抱怨也容易让别人对你产生反感。久而久之，大家都会对你敬而远之，没人敢靠近你，你就会被孤立起来。当你遇到困难时，没有人愿意帮你。而你需要明白的是：抱怨除了让自己更加烦乱外，并不能解决任何问题。

充满抱怨的人，会影响到整个团体的工作进度，甚至整个公司的工作氛围。这种人会给周围的同事传达一个消极的信号,会影响到大家的工作积极性,让整个团队情绪低落,降低团队的凝聚力和工作效率。

如果你想要成为一名优秀的员工,想要成为公司的中流砥柱,就要想办法丢弃抱怨的毛病,多动脑想办法,让自己尽快摆脱困境。如果你能够在工作中再豁达一些,再乐观一些,将所有抱怨的时间都用在工作上,那你就能得到长足的进步。

在职场上,我们需要学会做批评与自我批评,每日三省自身,而不是动不动就将时间花费在抱怨上。只有这样,你才能在工作中得到大家的认可。如果你能积极与同事交流,虚心向优秀的同事请教。你就能够在职场上打造出一片属于自己的天地。

想要彻底与抱怨绝缘,不妨看看下面几个办法,也许会对你有所帮助。

(1)学会心理换位。多站在别人的角度上去想一想。这是让自己冷静的最佳方法。只有这样,你才能够学会宽容,能够让自己站得更高,看得更透彻。

(2)将所有抱怨的话换成赞美的话。遇到事情学会从积极的角度去分析,能够在劣势中找到优势,从危险中觅到机会。这样,你会凭自己的乐观得到大多数同事的认可。

(3)将时间和精力全放在提高自己工作能力的事情上,摒弃一切抱怨的念头。抓紧一切时间努力工作,在公司中做出一翻业绩。这样,你会连抱怨的时间都没有了。

以上的三种方法,会对你抛弃抱怨起到积极的推动作用。作为一名合格的职场中人,一个优秀的企业员工,最该做的事情就是努力工作。至于抱怨,还是让它离你越远越好!

2 努力让自己的工作做到毫无瑕疵

“打工女皇”吴士宏是职场上的传奇人物，也是许多职场人士心中的偶像。她的名字已经传遍了职场每个地方，成为年轻白领奋斗的目标。

吴士宏年轻的时候当过护士、勤杂工。后来，一次偶然的机会，她进入了IBM公司。在IBM公司，吴士宏凭借自己顽强的拼搏和辛苦的付出，做出了突出的业绩，从一名最底层的员工晋升为IBM中国华南分公司总经理。

1997年，吴士宏又被任命为IBM中国区销售总经理。1998年，她离开了IBM，加盟了微软，被任命为微软中国区总经理。1999年又去了TCL任集团常务董事、副总裁。吴士宏已经由“丑小鸭”变成了“白天鹅”。她之所以会有这样的成就，靠的不仅仅是运气，更多的是出色的个人能力。正是由于她过人的能力，才博得各大集团老板的欣赏，给了她很高的位置、很广阔的舞台去发挥。

当年，吴士宏刚刚踏入IBM的时候，她所做的工作基本上就是扫地、擦桌子、接电话等杂工。面对这些没有任何技术含量的工作，大多数人可能会就此沉沦，得过且过。而吴士宏却将桌子擦得最干净，将地打扫地一尘不染。凭借着这股认真的精神，她很快就引起了部门领导的注意，并开始重用她。她的职位也一升再升。吴士宏做任何事情，都会一门心思做到最好，将自己的能力充分地展现出来。工夫不负有心人。经过不断的细心钻研，吴士宏的个人能力突飞猛进，得到了公司上下的一致认可。

后来，吴士宏总结自己成功经验时说：“我其实是个很普通的人。之所以会有今天，是我在工作中不断努力的结果。我做任何一份工作，都会努力将它吃透摸清，让自己的个人能力得到全面的发挥。然后，自然而然地就会受到重用。”

正是凭着自己的勤奋和努力，吴士宏才从一个勤杂工成长为一家跨国企业的经理。她的职场之路看似曲折，却也一帆风顺。吴士宏并没有受过正规的教育，也没有任何深厚的背景。但她能够在IBM和微软两家企业成为区域负责人，全都靠自己废寝忘食的工作态度和勤奋踏实的工作精神。她在成功之路上所走的每一步都与她的胆识与智慧分不开，更与她敢于在人前表现息息相关。

有人可能认为，只要自己真的是金子，早晚都会发光的。只要自己在工作中做好每件事情，自己自然能得到升职和加薪。其实，这样的想法早已不适用现在职场了。诚然，做好每一件事情是非常重要的，但如果只知道埋头苦干而不知道人前展现自己的话，你也会埋没在众人中不为领导所知。

古往今来，有多少有才华的人怀才不遇，独自叹息，空有一身本领，而无处施展。因此，要懂得在人前展示自己，让更多的人了解自己。这样，才不至于将自己的才华埋没。每个人的生命中都会有无数次机会，当这些机会到来的时候，你即使有才华去驾驭它，但没有人给你机会也是徒劳的。

现代社会，人才辈出，生活压力和工作压力日益加大。一个人想要出人头地、做出一番成绩，除了有精深的专业技能外，还要学会推销自己，让自己的才能被更多的人知道，这也是你走向成功的一条捷径。

在现代这个人才济济的社会，一个人要想能够出人头地、成就一番事业，除了要有一身真本事外，不断地推销自己，向人们展示你的才华，无疑是一种走向成功的捷径。找准一个适当的平台，才能实现所谓自我利益的最大化。所以，当你是一块真金或你真的满身才能，一定要想尽一切办法，让自己的“光”散发出来。

如果你是一匹千里马，要学会自己走到伯乐面前，展现出自己的本领，千万不能躲在伯乐找不到的角落，等着好运气像天上掉的馅饼一样砸在你头上。

人生匆匆几十年，你的青春是耗不起的。如果你不懂得展示自己的才华，老板就不会注意到你。你不管多么辛苦地工作，也不会得到应有的回报。

那么，如何展示自己的才能呢，下面几个方法可以借鉴：

(1)敢于接受新任务、迎接新挑战

当老板遇到困难的事情时，你需要挺身而出，为老板分忧。如果你能将困难顺利地解决，你就会是到老板的重点关注。当你感觉自己有能力解决这些困难的时候，要懂得毛遂自荐，不能等老板将任务指派给你。当你将事情做好了，自然能够得到晋升的机会。

(2)实事求是，不要太过谦虚

俗话说："谦虚使人进步，骄傲使人落后。"但过分的谦虚就是骄傲。过分的谦虚会给人一种虚伪的感觉。你应该学会适当地暴露一下自己，展示一下自己，给大家一个认识和熟悉你的机会。不能因过分的谦虚而丧失本该属于自己的机会。

(3)时刻让自己保持在一个最好的状态

永远要充满激情，充满活力，不能愁眉不展，死气沉沉。身在职场，一定要注意自己的形象。不能在同事和老板面前表现得形容憔悴、目光游离。即使你很疲惫，很困乏，也不要表现出来。要公司里，要时刻表现地激情四射，这样能增强别人对你的信心。

3　比工资更重要的是机会

罗刚是某银行一名普通的职员。刚进入银行上班时，他所挣的工资只能勉强维持生活。后来，工资涨了些，但日子过的还是捉襟见肘。正在这时，罗刚在网上看到一家汽车公司的招聘信息，罗刚的心动了。他从小就喜欢汽车，曾经梦想做一份与汽车相关的工作，后来阴差阳错学了金融，毕业后又顺理成章地进入了银行工作。现在，有一个做自己热爱的行业的机会。罗刚没有一丝犹豫，就从银行辞了职。

罗刚很快成了这家汽车公司的一名销售人员。他很热爱这份工作,工作非常努力。每次老板交给他的任务他都当成是一种锻炼,一种机会。一年后,罗刚为公司做出了很大的业绩。于是,他便向老板毛遂自荐,想要做管理工作。老板对他说:“现在中层管理职位没有空缺,只有设备安装工作需要一名主管,你如果愿意,我可以让你担任这个职务。但是,由于这个职位的工作属性所限,我不保证给你加工资。”

听了老板的这番话,罗刚犹豫了一下。倒不是工资多少的问题,而是他从来没有做过设备安装这方面的业务。但是,罗刚感觉这对自己来说是一次机会,他不想错过这次机会,便爽快地答应了老板。在这个岗位上,罗刚充分发挥自己的管理才能,将这份工作做得有模有样。结果,他的工资涨了一倍。

后来,老板告诉罗刚:“当我对你说那个职位的时候,我本来以为你不会答应,因为我也知道你根本连图纸都看不懂。没想到你居然答应了,更没想到你竟然做得这么好!”

后来,罗刚在工作中抓住每一次微小的机会,他的部门工作效率非常高。深得公司上下一致好评。对于这些,老板自然看在了眼里,他提拔罗刚做了公司的副总经理。

故事中的罗刚让人佩服,也给人以启迪。他永远会抓住任何一个微不足道的机会,然后尽自己全力做好自己的工作,最终自然而然地获得成功。在他眼里,工资远不如机会重要!可是,在职场中,许多人可不是这么想的。

对于大多数人而言,钱的诱惑是无法阻挡的。他们都幻想着挣更多的钱,改善自己的生活。然而,决定你能挣多少钱的是工作的前途。因此,挣更多的工资成为了职场中人毕生的追求。但是,你需要明白的是,发工资的是老板,你能做的只有通过自己的努力,做好你的工作,提升自己在老板眼里的价值,以便让他为你开出更高的工资。而你想要打动老板的途径就是抓住任何职场中的机会,大展拳脚,引起老板的注意。

要知道，与机会相比，工资就显得不那么重要了。世上没有人一开始就是个事业有成者，他们也曾拿过很少的工资，也曾很惨地生活过。但是，他们都抓住了属于自己的机会，最终成就了自己。

比如，阿里巴巴的创始人马云，他也曾经低落过，迷茫过，但现在却成了IT界呼风唤雨的领军人物。是什么让他拥有了今天的成就？是他拥有抓住机会的本领！他懂得机会比工资更重要。因此，对于许多职场上想要拿高工资的白领们来说，应该锻炼和培养自己寻找和抓住机会的能力，这比工资要重要得多。

如果没有真正的过人之处，拿再高的工资也是昙花一现。而“真正的过人之处”就是指你抓住机会的能力。

对于刚刚参加工作的年轻人来说，不能将眼睛只盯在工资上。你要关注的是工作背后的机会；更不能老想着跳槽，要学会踏实的做好每一件事情。只有勤奋、努力，机会迟早会来到你身边，你也终将会有升职加薪的那一天。

其实，任何一份工作，只要你工作努力，都会得到丰厚的回报；如果整天混日子，你在哪里也待不长。因此，当你找到一份工作的时候，最先考虑的不是这份工作工资有多少，而是这份工作能带给你的其他回报有多少，比如发展空间、成长空间等，相对于这些，工资多少就不那么重要了。尤其对于那些刚参加工作的年轻人，千万不能凭着工资的高低，来判断自己的工作是否有价值，而是要看你从事的这份工作，是否能给你带来成就感。

同时，我们也要清楚，大多数老板都是精明的。他们想要的是能在某个工作岗上做出贡献的员工，而不是碌碌无为的庸才。同时，他们会根据每名员工的实际情况进行测评。然后根据员工的个人素质和业绩的高低来确定谁应该被提拔，谁应该被淘汰。那些坚持不懈，努力奋斗的人，迟早会有被重用的一天。在大多数职场人士都在为工资生活的现代社会，只要你不为所动，就能够迅速脱颖而出，迈出成功的第一步。

而任何一个想在职场获得成功的人都应该明白：职场中工资固然重

要，但它并不等于工作的全部。比工资更重要的，是如何寻找到获得高薪的机会。

因此，在职场中游走，不要花太多的心思去考虑你的工资。要多费些时间来提高自己的能力。当你积累到一定程度的时候，只要是任何一个哪怕微不足道的机会，都能让你华丽变身，成为一名真正的成功者。

4 机会总会青睐那些主动进取的人

什么东西是职场中最重要的？机会！如果没有机会的话，你的能力再强也难有用武之地。没有机会，即使你是一匹千里马，也会被淹没在寻常的劣马之中，难以脱颖而出。可是，机会在什么地方，如何去寻找机会呢？两个字——主动。

机会常常会青睐那些主动的人。只有积极主动，才能为自己赢得机会。当你主动去寻找机会的时候，机会无处不在；当你主动去迎接机会的时候，机会自然降临。

美国著名的钢铁大王卡内基自幼家境贫困。卡内基很小的时候就不得不外出打工，以此来维持生活。由于年龄小，他每天的工钱只有几美分。

虽然这样，他一直乐观地面对苦难的生活，微笑着迎接一个又一个令人头疼的困难。在这个过程中，他从来没有放弃过，也从来没有失望过。他相信，只要自己好好努力，一定能找到一份更好的工作。

苍天不负有心人，几个月后，卡内基在匹兹堡找到了一份送电报的工作，工资由原来的每天几美分长到了每天 2 美元。卡内基十分高兴，他很珍惜这来之不易的机会。他下定了决心，要在这家公司好好地发展下去。然而，上班第一天，卡内基就遇到了困难。这家公司要求送电报员必须对周边的环境非常熟悉，而卡内基一点儿也不熟悉周边的街区。

这该怎么办呢？卡内基想了一会儿，心里打定了主意。

从这之后，每天下班卡内基都会去附近的各个街区去熟悉环境，他还记下了每一天街道名。就这样，他将匹兹堡的每一个角落都走遍了，终于熟悉了这座城市的每一个地方。

另外，卡内基在送电报之余，积极主动地学习各种知识。他几乎将自己的全部时间和精力都用在了学习和工作上。

送电报是份苦差事，每天都必须奔波于大街小巷之中。但是，卡内基从来没有喊过一声苦，更没有对这份工作产生厌倦。相反，他还对这份工作产生了感情。当别人抱怨工作的劳累和枯燥之时，卡内基正面带微笑地奔走在这座城市的某条街道上。另外，卡内基除了做自己的本职工作外，还会帮其他同事和老板做一些自己力所能及的事情。

有一天，卡内基很早就来到了公司上班。在他查看电报的时候，发现一封加急电报，这封电报来自芝加哥。这份电报很急，但值班的工作人员还没有来上班。卡内基毫不犹豫地代收了电报并将它发了出去。后来，这件事情传到了老板的耳朵里。他提拔卡内基做了部门经理。卡内基兴奋之余，工作更加积极主动了。他知道，自己想要在职场上闯出一条路来，除了靠端正的工作态度去赢得外，没有其他更好的办法了。正是由于卡内基的主动和乐观，他由一个小职员晋升为总经理的私人秘书。

可见，乐观的工作精神和主动的工作态度会让人在职场上赢得更多机会。那么，什么是主动呢？对于这个问题，美国著名作家和出版家阿尔伯特·哈伯德给出了我们答案："世界会给你以厚报，既有金钱也有荣誉，只要你具备这样一种品质，那就是主动。"

可见，真正的主动是在别人不告诉你的情况下，自己就能够出色地将工作做到最完美状态。那些在职场中不主动的人，很难得到发展机会。如果你在工作中从来不主动去做任何事情，只会被动地接受命令，那你将会很难得到老板的青睐，也很难得到更好的发展机会。因此，只有主动去工作的人，才会赢得更多的机会。如果凡事都等老板来安排，你永远都不会有更多的机会。

那些能积极主动去工作的人，大多是企业中的优秀员工。他们与普通员工的最大区别是：主动工作的程度截然不同。

普通员工总是认为自己已经很辛苦了，就算主动工作，老板也不会多给自己一分钱工资，为什么去找这个麻烦啊，干一天活混一天工资，这比什么都好。

而优秀的员工则认为自己既然在这里工作，就要尽可能多为公司做一些工作，做出更多的业绩来报答公司，只有付出得更多，自己得到的才会更多。

要知道，没有任何一种机遇会不请自到，没有任何一个幸运的馅饼从天上主动降临到你身上。你想要在职场上获得更多的机会，需要你去主动拼搏。如果你不想付出，不懂得积极主动地做事，你就很难得到任何发展机会。机会总是青睐那些主动积极的人，绝不会给那些消极被动的人。在职场上，如果你想让自己升职加薪，就必须主动承担更多的责任；如果你想要积累自己的人脉资源，就必须主动与更多的客户去交往；如果你想要提高自己的演讲技巧，就必须主动在大家面前发言。也只有这样，机会才会降临到你身边。

行走在职场，每个人都在渴望着机会。在激烈的社会竞争中，机会的把握与个人的能力同等重要。想要把握住机会，首先要创造机会，而创造机会的最佳途径就是能主动工作！你要能够不在任何人的监督和监管下自主自发地工作，除了做好本职工作外，还要尽量做些力所能及的工作。只要你是主动积极地面对工作，那机会就会主动积极地降临到你头上。

最后需要注意的一点是，不要对你的工作产生厌倦。有些人可能长期从事某件工作，容易产生懒惰和懈怠，这些会严重阻碍和制约你的发展。你需要在枯燥乏味的工作中寻找到乐趣，打起精神来，积极主动地做好每一件事。只有这样，你才能得到机会的青睐。

5 职场自有公道，付出才有回报

很多人总是想在公司得到更多的东西，却从来没有想过为公司付出什么。要知道，只有付出了，才会有回报。那些从不为别人付出什么，却渴望得到丰厚回报的人，往往最终什么也得不到。

如果你抱怨同事在工作上给予你的回报太少，你应该仔细地想一想你对他们的关心和付出有多少。当你的同事工作中遇到困难的时候，你是不是热心地帮助他们解决；当他们在生活中遭遇不幸的时候，你是否用自己的爱去温暖他们。

在工作中，我们时常会听到这样的话："我得到的东西太少了。"却很难听到这样的话："我付出得太少了。"大多数人总是在想自己得到了多少，收获了多少，却从来没有思考过自己付出过多少，奉献过多少。

如果每个员工都能够真心为公司付出，将身心全扑在工作上，那他自然能得到自己想要的东西。在动物世界中，蚂蚁是最具有付出意识的"好员工"。它们纪律性强，组织严密，分工精细，每个蚂蚁责任明确，尽职尽责。在蚂蚁身上有着吃苦耐劳的精神，它们可以承载比自己身体重几倍的重物，不畏艰辛，毫无怨言。蚂蚁身上表现出来的无私奉献精神是令人钦佩的。当它们找到食物时，决不会一人独享，它们会分享成功、分享喜悦。

在一个古老的丛林里，有一个蚂蚁家族。它们每天都勤劳地外出觅食，然后共同分享，日子过得平静而安乐。

突然，有一天，丛林里燃起了一起大火。借着风势，大火迅速蔓延。很快，大火将蚂蚁家族团团围住。眼瞅着包围圈越来发挥小，无数的小蚂蚁都随时有生命危险。这时，令人不可思议的一幕出现了：蚂蚁们迅速集结在一起，团成一个个蚁球。然后，迎着熊熊的烈火滚了出去。蚁球最外层的蚂蚁都被大火烧焦了。而大部分蚂蚁却幸运地逃脱了这场灾难。

如果没有外层蚂蚁牺牲自己,那么,整个蚂蚁家庭将全部葬身火海。正是由于这些勇于付出自己生命的蚂蚁们,才让这个家族躲过了一场浩劫。

职场中,虽然很难见到这么无私的付出。但作为职场人士,应该学会将蚂蚁这种奉献精神用在日常的工作中,将自己的精力付出在工作上,只有付出了,才会得到回报。

对于一名员工来说,爱岗敬业、甘心付出是最基本的道德要求。“世间自有公道,付出总有回报。”只要你付出了就会有收获,付出和收获是成正比例的,付出多少将收获多少。你有理想的目标吗?奉献是你最好的也是唯一达到目标的方法。

职场上的员工如此,老板更是如此。只有大家拧成一股绳,甘心付出,才会增强公司的凝聚力和战斗力。如果你是一名公司的管理者,懂得为自己的员工付出一点心血,送他们一份礼物,员工就会更加拼命地为你工作。

每次走过那家高级饭店,小杨都会忍不住停下脚步,站在那里张望很久。饭店里面的男男女女都衣着光鲜,举止优雅,在烛光中边吃边轻声低语,洋溢着幸福而浪漫的气息。这个餐厅是个高档餐厅,小杨这样的工薪阶层,大多也只是会站在外边看看。然后摇头叹息一声,默默离去。

小杨羡慕地叹口气,久久不愿离去,她多么希望自己也能有一顿如此浪漫的晚餐啊。可是这家饭店的价格那么昂贵,而自己家的房子还得交月供……

情人节那天,小杨像往常一样埋头忙碌地工作着。生活的压力、婚姻的平淡已使得她和丈夫已有多年不过情人节了。在他们这样的人眼里,情人节更像是给热恋中的男女准备的,而不属于他们这样的已婚人士。当小杨吃过中午饭,回到自己的座位上时,他突然发现桌上多了两张餐券。她打开一看,竟然是自己日思夜想的那家高档餐厅的餐券！小杨惊呆了，她茫然四顾，发现在老板的脸上闪过一丝“狡黠”的笑容。她忽然想起来了，去年过圣诞节的时候，老板曾经让每个员工在纸上写下自己一个愿望以祈祷来年能够实现。同事们只当是游戏，闹一闹就过去了，没想到……

这天，小杨和丈夫终于享受了一次烛光晚餐，在跳动的烛光中，他们仿佛又找到了曾经的单纯与浪漫，回到了最甜蜜的恋爱阶段。

第二天回到公司后，小杨发现许多同事的圣诞愿望也都实现了，有人拿到了回家乡的单程机票，有人免费享受了一次高档美容护理，还有人免费参加了短期培训班……

大家收到礼物时都欢呼雀跃，都说老板是个非常好的圣诞老人，他能给大家带来惊喜！这样一来，许多曾经想跳槽的人也不再想跳了。

故事中的老板是个聪明的人，他满足了员工的心愿，员工为他工作的热情就更高了。这样一来，他在帮助员工实现心愿的同时，也实现了自己的心愿——人员稳定，工作热情高涨。可见，你对别人付出，帮助别人的时候，一定能得到来自别人的回报。

在这个世界上，你所做的每一件好事，每一次真诚的付出，都会得到意想不到的回报。因此，我们在自己的职业生涯中，要做一个勇于付出的人。请永远记住：职场自有公道，付出总有回报。

6 承担责任是一种使命

身在职场，不管做任何工作，都要先埋头付出，敢于承担，只有这样的人才会有出头的机会。

在我们的周围，总有一些乐于付出、甘于付出的人，他们能够不计较个人得失,将全部业务都投入到工作中,投入到毫无怨言的付出中。在这些人眼里,付出是一种责任的担当,是一种成功的希望。

那些拥有承担精神的人是可贵的,承担是一种高尚的职业道德的体现,一种纯洁的精神境界,一种发自内心的自愿奉献的行动。职场上需要那些甘于付出的人,正是这些人让冰冷的职场弥漫着一丝温暖的气息。

不管工作还是生活,有一个道理是相通的,那就是一分耕耘,一分收获。成功只是一个结果,在这个结果到来之前,你会付出许多代价。但唯一不变的是,只要你在关键的时刻肯于承担,并且愿意为你承担的使命付出努力,这样你才会有收获的机会。

许多职场上的人,已经习惯了在关键时刻为公司承担责任,肯于付出,也许会有人认为他们是傻瓜,其实,他们并不是“笨”,也不是“傻”,而是一种责任,一种敢于承担责任的精神。

工作在人的一生中占据着重要的地位。但不管从事哪种类型的工作,想要收获你的梦想与希望,都要付出辛苦的劳动。有时候,付出了很多,可能没有得到回报。但请你相信,这只是暂时的,当时机成熟时,你一定能够收获更加丰厚的回报。当然,这些主动付出、敢于担当的人,并没有奢求过任何回报,他们的心中已经将付出当成了自己的一种责任。

在我们周围,有许多喜欢无私付出的人,他们一心为别人着想,默默地付出着。这样的人是高尚的,他们最终能够得到别人的尊敬与认可。

一个漆黑的夜晚,小王因为有急事要去一个住在郊区的同事家,为赶时间,便抄近路走入一条偏僻的小巷。走着走着,突然发现前面有一处光亮,似乎是一个人提着一个灯笼在走,小王疾步赶了上去,正想打声招呼,却发现那人是一个盲人,一手拿着一根竹竿小心翼翼地探路,一手提着一只灯笼。

小王纳闷了,忍不住问他:“您自己看不见,为什么要提个灯笼赶路?”

盲人说:“这个问题不止一个人问我了,其实道理很简单,我提灯笼并不是为自己照路,而是让别人容易看到我,不会误撞到我,这样就可保护自己的安全。而且,这么多年来,由于我的灯笼为别人带来光亮,为别人引路,人们也经常热情地搀扶我,引领我走过一个又一个沟坎,使我免受许多危险。你看,我这不是既帮助了别人,也帮助了自己吗?所以,每到晚上出门,我总是提着一盏灯笼。"

小王若有所悟地说:"原来您是为了给别人照明?"

但那盲人却说:"不,我是为我自己。"

"为你自己?"小王吃了一惊,愣住了。

盲人缓缓地向小王说:"你是否因为夜色漆黑而被其他人碰撞过呢?"

小王说:"是的,就在刚才,我还不留心被两个骑自行车的撞了一下。"

盲人听了之后,缓缓地说:"但我却从来没有被人撞过。虽然我是个盲人,我什么也看不见,但我提了这盏灯笼。这样,我既为别人照亮了路,也让别人看到了我。这样,他们就不会因为看不见而碰撞了我。"小王听完盲人这番话,不由得心有所悟:原来,当你真心付出的时候,最后受益的就是自己啊!

故事中的盲人令人尊敬,他为别人亮点了一盏灯,为别人照亮了前方的路,同时,自己也收获了别人的帮助和尊敬。可见,人不能只为自己而活。那些只为自己而活的人,无异于行尸走肉;只有为他人、为社会、为民族、为祖国而活的人,才是真正高尚的人,是一个纯粹的人。

一个人的人生价值的体现,不在于其地位高低、权力大小、财富多寡,而在于对社会付出了多少。可以说,付出的精神就是人生天平上最重的砝码,是人世间最宝贵的财富。一个人生活在世,渺小得如同大海里的一点水,但只要真心真意地付出,即使是一滴水,也能折射出太阳的光辉,成为最美丽的风景。生活中,有许多善良的人,他们喜欢帮助别人,喜欢无私奉献。他们将付出当成责任,当种一种使命。

李辉在一家公司做软件销售员。每天,他都第一个来公司上班，最后一个离开公司。当其他人都在家休息时，李辉还在拼命地工作着。他在利用业余时间为公司开发一套管理软件。想通过这套软件，让公司的管理更加规范。

这件事情没有人知道，他也没有告诉任何人。只是自己一个人默默地工作着。半年后，李辉的软件开发成功了。当他将这个软件送到老板那里时，老板惊诧不已。没多久，这套软件用在了公司的日常管理上，果然大家的工作效率提高了很多。年终的表彰会上，当主持人问李辉：为什么要默默无闻地付出了半年时间，做这个软件时，李辉笑着说："我感觉这是我的责任和义务，我想通过这套软件提高工作效率。因此，我要自己承担自己这份责任！"

故事中的李辉是一个优秀的员工，在他心中，付出也是自己的一种责任，抱着这种态度的员工永远是公司最需要的员工。因此，我们也要在职场中学会无私地付出。

播种付出的"种子"，就会收获回报的"果实"。慷慨无私地为别人着想，就像播种一样，总能看到收获。不管这些"种子"是直接的，还是间接的，总有重情谊的受益者会把"种子"珍藏于心，直到永远。因此，不管是在工作中还是在生活中，我们都应该敢于付出，把自己的真诚施于他人，这样，我们一定会得到别人更加慷慨的回报。而我们的人生，也会因此而更加精彩，更加灿烂。

7 奉献的越多，得到的就越多

生命的意义在于奉献，而不在于索取。在职场上，那些能正确处理自己与公司关系，能为公司无私奉献的人，能够在工作中得到无穷的乐趣。长久来看，懂得奉献和甘于奉献的人是幸福的，因为他们得到的回报也是奉献。

只要我们将自己的爱心奉献给别人，我们就会因此而得到更多的爱；只要我们能将快乐带给别人，我们也能从别人那里收获更多的快乐。

有三个人，都觉得自己生活得并不快乐。于是，他们便一起去拜访禅师，希望禅师指点他们快乐之道。禅师知道他们的来意后就问他们："你们要得到什么才会使自己觉得快乐？"第一个人说："如果我能享受天伦之乐，有融洽的感情，就会觉得快乐。"

第二个人说："如果我有很多钱，富裕会使我快乐"。

第三个人说："我希望有权势，当了大官，别人看得起我，我就会觉得很快乐。"

禅师听了之后便说："难怪你们都不快乐，你们不停地向外追求，心头就产生了匮乏。追求感情，在心理上就有了缺乏温情的感觉；追求财富，就产生了对财物不足的穷困；追求权势，便引起对权力的渴求。"三个人听了禅师的话，若有所思。

禅师又接着说道："人若不懂得布施，便体验不到自己的富有。自己不懂得奉献感情，天伦之乐也就培养不起来。自己如果不好好做一番事业，为社会服务，权势又有什么用呢？人如果不能奉献，就会穷得捉襟见肘。切记呀，只有布施才能让你感到富裕和自我实现的快乐。"

可见，只有奉献才会让我们得到真正的快乐。懂得奉献的人，常常会创造出奇迹来。因为奉献的精神会让一个人的精神达到新的高度。只有拥有奉献精神的人才会取得真正的成功，而奉献也是一个人成功价值的最好表现。奉献的精神能激发出一个人潜在的力量，从而改写他的命运，甚至能让一个一无所有的人成为传奇人物。

1933 年，经济危机席卷了整个美国，著名的哈里逊纺织公司恰在这个时候发生了一起大火灾，整个工厂沦为一片废墟。3000 多名员工都木然地站在那里，悲观地等待着老板宣布破产和失业风暴的来临。然而，老板亚伦·傅斯却告诉员工们，公司虽然遭受了严重的打击，损失惨重。但他只要有弄到一分钱，都会发给大家。这一举动让员工们十分意外，也大受感动。他们纷纷打电话对老板表示感谢。

可是，3000多名员工的薪水是一笔数目庞大的款项。哈里逊公司此时已经化成了一片废墟，不能再产生一分钱利润了。再加上现在是经济萧条时期，即使在经济繁荣的时候，遇到这样的情况也很难恢复元气啊。然而，傅斯向朋友借钱，支付了工人一个月工资。一个月后，工人们由于没有工作，生活又陷入困境的时候，傅斯说再支付他们一个月的薪水。员工们知道了这个消息后，不再感到惊喜，而是感动地泪流满面。他们都感激老板仁慈的奉献。

第二天，员工们开始去公司收拾废墟，他们尽自己所能为工厂做着一切事情。结果，奇迹发生了。三个月后，哈里逊公司居然重新运转了起来。

就这样，傅斯用他的奉献精神，让一个一片废墟的工厂起死回生了。现在的哈里逊纺织公司已经是全美最大的纺织企业，分公司遍布全世界60多个国家。

在普通人眼中，奉献是件吃亏的事情。他们认为活在这世上不容易，何必要花费时间和精力去做无谓的奉献呢？实际上，一个乐于奉献的人比那些贪小便宜怕吃亏的人获利更多。因为奉献的结果肯定会得到回报。

职场上的成功者大多是乐于奉献的人。他们在获得很高的社会地位和物质财富之后，会尽自己全力回报社会。

著名的“石油大王”洛克菲勒，将自己的财富设立的基金建造了大学；“钢铁大王”卡内基，将自己全部的资产都献给了图书馆；全球华人首富李嘉诚，十几年里向大陆捐助了十几亿港元……

这些世界级的富豪们，坐拥数百亿资产，却仍然不忘自己的社会职责，甘心向社会奉献，通过自己的努力让世界受益。无私的奉献能带给他们发自内心的成就感。这样的人，才是我们学习的榜样。

当然，奉献并不是富豪们所特有的，许多中产者，甚至刚毕业的大学生，都有一颗奉献之心。因此，身在职场的广大白领们也要学会帮助别人，将自己的微薄之力奉献给社会。当别人在工作中遇到麻烦的时候，你可以尽自己所能帮助他。不管最后能不能帮得到他，你都会收获对方真诚的谢意与感激。千万不能假装没看见，甚至幸灾乐祸。要知道，一句真心的话，一个善意的微笑，都是在奉献。奉献不分大小，而在于你有没有这份心，这种意识。

那些乐于奉献、甘心奉献的人，总能收获别人真诚的感谢。当你遇到困难的时候，别人也同样会像你当初帮他那样帮助你。如果每个人都这样的话，这个世界将更加美好。

8 奉献要从一点一滴做起

职场上，许多人都想去做大项目，那些细微的小事很少有人愿意问津。其实，点滴的小工作做好了，才会具备做大项目的能力。一些微不足道的小事，如果认真对待，也是对公司的一种奉献。换句话说，奉献要从一点一滴的小事做起。

点滴的小事看似微不足道，但积少成多，许多点点滴滴的小事聚在一起，就是一件大事。许多不值一提的奉献汇集在一起，就是一种职业态度。

许多对公司有重大贡献的人都是从一点一滴的小事做起的。他们知道，奉献精神从来不是什么惊天动地的大事情，都是从细微处，从点滴小事做起的。只有甘心做好每一点每一滴小事的人，才会把握住成功。

许多职场上的成功者在被人问及自己成功的秘诀时，他们的回答都是四个字：奉献精神。

然而，这些话在失败者耳朵里是没有任何价值的。在他们看来，奉献无疑等同于犯傻。正是这样，他们才从不关心别人怎样，心里只有自己。

其实，那些甘于奉献的人，大多都是勤奋和努力的，他们靠着长期的坚持，在一点一滴的小事中体现自己的人生价值。正是这种坚持精神，才让他们日积月累中练就了成功的基础和贯穿一生的奉献精神。无数事实告诉我们，成功来自于点滴汇聚的奉献迸发出的惊人力量。

世界知名的投资顾问专家卡洛·道尼斯最初给汽车制造商杜兰特先生工作的时候，职务并不高，他从事着普通的工作，是杜兰特先生手下一名非常普通的员工，可是，他通过自己的努力，成为了杜兰特先生的左膀右臂，担任其下属一家公司的总裁。

卡洛·道尼斯是怎样得到升迁的呢？

他的成功没有捷径可言，就是每天努力一点，每天奉献一点，他自己认为成功的关键是看到一些工作需要人做而没有人去做时，他能不计报酬地去帮助别人完成，奉献自己的一点力量。

当时，卡洛·道尼斯注意到杜兰特先生的工作非常繁忙，常常工作到很晚，每天都如此。所有人都下班回家了，可是杜兰特还在办公室忙碌，继续留在办公室工作。因此，卡洛·道尼斯决定牺牲一些自己的时间，留下来为杜兰特提供一些帮助。

当卡洛·道尼斯有这个想法后，就义无反顾地实行。杜兰特经常会自己找一些文件和常用的办公用品，当社兰特发现卡洛·道尼斯主动帮助他做这些事情时，杜兰特欣然接受了他的帮助。一段时间后，他们的这种关系成为了一种习惯，杜兰特逐渐地让卡洛·道尼斯帮他做很多事情。卡洛·道尼斯这样说："到最后，杜兰特先生发现已经离不开我了。"

就这样，尽管卡洛·道尼斯只是想付出自己一点力量，每天都这样持之以恒，点滴的奉献使得他的价值不断地提升，他也在这样一种奉献精神的帮助下很快地为自己创造了成功的机会，才智和能力都在这个过程中积累，这样的人成功肯定会光顾他。

卡洛·道尼斯的成功与他的奉献精神是分不开的。身在职场，如果你也能够拥有这样的奉献精神，每天尽自己所能做好手中的工作。即使是一些微不足道的小事，你也以百分之百的热情对待它。这样长期下来，你就会因为这种奉献而增长知识、增加经验。

工作中，许多的收获都源于奉献，而许多奉献都是从一点一滴做起的。如果你乐于奉献，一步一个脚印地面对工作，那工作也会给你意想不到的回报。有些人可能认为，自己每天辛苦工作，为公司创造的价值远远大于自己的所得，自己已经奉献得够多了，应该得到更多的工资，更好的待遇。这种想法其实是没有远见的。抱有这种想法的人都只看到了眼前的利益。他们将工作中的回报当成了自己工作的唯一目的。这样的人，最终什么也得不到。

如果我们懂得在点滴中奉献自己的力量，这样不但能让自己的能力得到快速提升，还能帮公司解决许多实际的困难。这些甘于奉献的人，会在点滴的小事中升华自己，个人价值也得到了不断的提升，公司也会在无私的奉献中快速成长、壮大起来。

天下没有免费的午餐。你播下什么样的种子，就会收获什么样的果实。工作中，你奉献得多，自然得到的回报也多；你不懂奉献只知索取，自然最后什么也得不到。可令人遗憾的是，许多人总是在盘算自己在公司得到了多少，从来没有想过自己为公司付出了多少。须知道，世界是公平的。只有多一些奉献，才会多创造一些价值。不愿奉献的人是自私的人，任何一家公司都不会喜欢这样的人。如果你每天都在默默奉献，你就能得到公司的信任，你就能成为优秀的员工。

一个人对公司奉献了多少，对公司而言就有多大的价值。想要在工作中证明自己的能力，就要拥有奉献的精神。然而，凡事都是由小成大。奉献也是从一点一滴的小事做起。

只有在微不足道的小事上能默默奉献的人，才是公司真正需要的人才，才能为公司带来更大的价值。

第四章　做工作的主人——以老板的心态对待工作

1 不想当老板的员工不是好员工

在职场上，许多年轻人将频繁跳槽当成了一种自我炫耀的本领，他们总是不断地跳槽，最主要的目的是挣到更高的工资。他们最大的目标就是找到一份好工作，让自己的工作稳定下来。其实，越是抱这种想法的人越是难以稳定。为什么呢？因为他们缺乏一种老板心态。

所谓老板心态，就是想当老板的心态，想要通过自己努力，自己做老板，自己去管理别人，让别人给自己来打工。你在为自己工作，为自己创造价值，而不是为别人工作，为别人创造价值。

想要成为老板，许多职场人士都曾不止一次地想过。但从来没有付诸过行动。这样的人，到头来终将一事无成。

李青是一个在职场打拼的年轻人，他在上学的时候就为自己定下了目标：将来走上社会后，一定要自己做老板。

可是，当他参加工作后才发现，原来老板并不是好当的。首先需要有开创事业的第一桶金，还需要很多的人脉关系和丰富的工作经验。可自己呢，要钱没钱，要关系没关系，要经验没经验。于是，李青想先工作三五年，等有了一定的资金和经验，再自己创业当老板。

就这样，年复一年，日复一日，转眼间李青已经30岁了。虽然他一直想当一个真正的老板，但由于各方面条件都不成熟，他仍是在为别人打工。再加上他现在已经成为了公司的部门经理，待遇也不低，这么好的条件真是难以舍弃。于是，李青又想再干几年，然后自己再创业当老板。就这样，他又在公司干了5年。35岁的李青有了一定的积蓄，人脉关系也分布得比较广，至于经验更不用说了，上班10多年了，在本行业积累了丰富的经验。可是，此时的李青已经不是那么想当老板了。因为他感觉现在这种安逸的生活也不错，每天有吃有喝。如果自己创业的话，风险太大，万一失败会赔得血本无归。就这样，李青一直为别人打工直到退休。他一辈子也没有实现自己当初的梦想：当一名真正的老板。

如今的李青常常会叹息："唉，其实我这一生中有无数次机会，可是，我都因为害怕失败，而轻易让这些机会溜走了！"

有人对一些职场的普通员工做过问卷调查，问他们为什么不想自己创业当老板。得到的结果惊人地一致："我现在手上没有那么多钱，再等等吧。""我早就想当老板了，一直没有机会。"其实，这些都是借口。最根本的原因是这些人打工时间长了，早已习惯了这种打工的生活，他们害怕创业带给自己的风险。当然，他们也永远无法享受到创业带给他们的乐趣与享受。

职场上，大多数员工都是被忙碌的工作和紧张的生活所迫，习惯了打工的日子。他们不管遇到什么样的机会，都没有改变现状的勇气。当然，这些人中的绝大多数也对自己的现状不满，渴望改变自己的生活。然而，当机会降临到他们头上时，他们又退缩了。因为，在风险和安逸之间，他们选择了安逸。这些人会像故事中的李青一样，错失了许多属于自己的机会，最终甘于平庸。

如果你勇于挑战自己，就一定能够战胜自己。当老板也不是遥不可及的梦想。只要坚持向这个目标努力，时刻激励自己，不甘于平庸，你一定能够摆脱现状，成为老板。

拿破仑曾说过："不想当将军的士兵不是好士兵。"职场上，不想当老板的员工也不是好员工！在创业的道路上，拥有强烈的进取心是一个人能否成功的关键。你的进取心有多强，你的动力就有多大；你的动力有多大，你的未来就能走多远。作为一名员工，你不应该安于现状、甘于平庸，要有一颗自己做老板的进取心。这种进取心是自己努力拼搏，走上成功的源泉。只有在公司里，按照老板的要求去工作，按照老板的思路去思考，只有这样，你才能积极向那些成功人士去学习，改善自己的不足，从而为自己创造更多的机会去实现当老板的梦想。

一个甘于一辈子平庸地为别人打工的人,是很难有出头之日的,也很难在职场上有所成就。如果你只满足于一天工作八个小时,不想去做更多的事情,那你可能一辈子都只是一个打工者。真正的老板,永远不会只限于八小时之内的工作,他们会抓紧任何一分一秒的时间,来为自己创造利润。

即使你是一名普通的员工,只要你能够按老板的标准来约束自己,你就能够尽自己所能做更多的事情,联系更多的资源,为自己将来创业做好准备。如果你这样踏踏实实地做,将来,就有机会成为老板。

当你在工作中看到公司在生产过程中,产生了不少浪费,你是一声不吭还是像老板那样上前阻止呢?当你看到公司的市场占有率一点点下降的时候,你是无动于衷还是积累去寻求突破呢?当你遇到同事因工作受到打击而心灰意冷的时候,你是会幸灾乐祸还是会帮助他们呢?一个想要自己当老板的人,肯定不会冷眼旁观,他们会时刻关注着公司的发展。将公司中的一切事情都看成是自己的事情。

只有按老板的标准来要求自己,你才有可能日后成为真正的老板。那么,会才是老板的标准呢?

对此,成功学大师拿破仑·希尔给出了我们答案:

(1) 执行要坚决;

(2) 拥有创新精神;

(3)勇于承担责任;

(4)积极主动思考;

(5)懂得团队协作;

(6)不断学习成长。

2 将老板的公司当成自己的公司

格力电器股份有限公司的掌门人董明珠是当今中国家电行业的风云

人物，也是位令人佩服、尊敬的商海女性。可是，你知道董明珠是如何走到今天的吗？

15年前，董明珠还是一名最底层的销售人员。从她第一天走进公司的时候起，她就把自己当成了公司的主人。在工作中，她总是认真对待每一件事；在生活中，她总是热情对待每一个人。

刚进入公司不久，董明珠就被外派到安徽，当了一名销售员。当时挡在她面前的第一个困难就是收回一笔数额巨大的欠款。本来，这笔欠款是董明珠入职之前所欠的款项，她不追回来对自己没有任何影响。但是，董明珠认为公司的事情就是自己的事情，自己既然来到了这家公司，就是这家公司的主人，这笔欠款无论如何要收回来。

要知道，在那个年代，要回欠款可是件非常困难的事情。许多工作了许多年的老员工都不敢做这件事。初出茅庐的董明珠向困难发起了挑战。她认准了一个道理：只要自己努力，没有什么困难克服不了！

讨债的过程非常辛苦。然而，董明珠没有丝毫退缩。她经常去那家公司蹲点儿，与对方的负责人交涉。许多人都认为董明珠太傻，又不是自己的公司，何必这么较真呢？

但董明珠依然坚持讨债。此时的她已经将公司的事情当成了自己的事情，将老板的公司当成了自己的公司。她的真诚终于打动了对方，欠款一分不少地要回来了。而董明珠凭借着自己的真诚，在销售领域打响了她职业生涯的第一枪。这件事情过后，董明珠不但受到了公司的嘉奖，也在经销商的圈子里留下了好口碑。

董明珠是一个平凡的女性，但她却做出了不平凡的业绩。她的成功令人深思。她之所以会一步步走到今天，最大的成功秘诀就是：她将老板的公司当成了自己的公司，将自己当成了公司的主人。

一流的企业培养人才；二流的企业浪费人才。为什么这样讲呢？因为一流的企业懂得如何培养员工做公司的主人;二流企业则设法让员工成为公司的赚钱工具。

两种截然不同的方法造就了两个截然不同的企业。那些将老板的公司当成立自己公司的人,他们做任何事情首要考虑的是公司的利益,无论任何时候都能主动去工作,不管遇到什么困难都不会退缩。而那些将员工视为工具的企业,员工们遇到事情首先想到的是先保全自己,企业如何与自己无关。这就会让好的企业越来越好,差的企业为越来越差。

对于大多数老板来说,他们在工作中总会将公司的事情当成自己的事情,能够一门心思扎进工作,全身心地为公司的发展贡献力量。

他们要对自己的决策负责,要对公司的员工负责,更要对公司的发展前途负责。如果你在工作中也能像老板一样,把自己放在公司主人的位置,不遗余力地为公司的发展壮大贡献力量,你就能够让自己练就一身管理企业的能力。

相反,如果你只将自己定位成一个打工者,认为公司的死活与你无关,公司的发展对你毫无帮助,那你这一生都只能是个打工者了。只有将老板的公司当成自己的公司,你才能像老板一样,将公司的命运当成自己的命运,你才会在工作中付出自己的全部精力。也只有这样,你才能成为一名优秀的员工。

试想,如果你是自己所在公司的老板,你会如何对待自己的工作呢?你肯定希望自己公司的所有员工,都能够和自己一样,为公司的发展壮大贡献出自己的全部力量。也只有当自己当成公司的老板,你才会主动、热情、积极、耐心地去做每件事情。

不管你是一名刚进入职场的普通员工,还是一名在职场拼杀多年的管理人员,都要突破自己的思维,让自己从平凡转变成卓越。另外,如果将自己当成公司的主人,你就会在工作中寻求到--种属于自己的乐趣。这种乐趣可能是一种挑战,也可能是一种机遇。只有这样,你才能为自己创造更好的生存环境和奋斗空间,才能让自己一步步走向成功。那么,如何才能将老板的公司当成自己的公司呢?

(1)认真做好每一件事情

认真做事,认真做人,认真面对工作中的每次挑战。这样,你才能让自己在不断的自我超越中变得更自信,更坚强。

(2)勇于承担责任

一个负责任的人会得到许多人的尊敬。工作中,难免会判断失误,决策失败。只要自己勇于承担自己犯下的错误,就会在得到别人谅解的同时,也收获了尊重。

(3)将成本核算放在第一位

什么事情都有它的成本。在做事情之前,先要考虑一下做这件事的成本,尽量节约成本,这样才会加大你的利润空间。

3　让老板做“选择”题,而不是“问答”题

皮特曾经在铁道部门担任小职员。一天,他在上班的时候,发现城外铁路上发生了一起车祸。一辆卡车翻到在铁路上,如果有火车经过,后果将不堪设想。此时,同事们还都没有上班。情急之下,皮特赶忙拨通了上司的电话,但对方一直在无人接听状态。

在现在这种情况下,耽误短短的一分钟,都有可能造成巨大的损失。尽管自己的上司还没有来公司,但自己也不能坐在这等下去。于是,皮特以上司名义发电报给列车长,让他赶快处理这件事,并在电报上签了自己的名字。电报发出去后,皮特一下子瘫坐在椅子上,他知道,自己的行为已经违反了《员工手册》的规定,将会受到重罚,还极有可能失去这份工作。

两个小时后,同事们都陆陆续续来上班了。上司也驾车来到了办公室。他刚一进办公室,就发现自己桌子上有一份辞呈。打开一看,是皮特的。辞呈旁边,是一份今天紧急情况的处理流

程。看着这些，上司微笑着点了点头。

几天过去了，皮特的辞呈并没有被公司批准。皮特以为上司没有看到自己的辞呈，就亲自敲开了上司办公室的门，向上司说明了事情的经过，并提出辞职。

上司笑着对皮特说："你的辞呈我看过了。但我根本就不想辞退你。因为你是能够在困难面前寻找方法，化解了危险。在我看来，你这样做完全没有问题。"

就这样，皮特不但没能受到责罚，还受到了上司的表扬。

在职场上，常常会发生这样一种有趣的现象：老板交给某位员工一件事情，这位员工爽快地答应了。可没过多久，这位员工又气喘吁吁地跑到老板办公室，咨询老板这件事情应该怎么去解决。有的员工甚至非常为难地告诉老板：这件事情太难了，我真的解决不了。

这样的员工很难得到老板的欣赏。他们在遇到问题的时候，总是想办法推脱，从来不会想着解决问题。这类员工做事的时候，借口总是比方法多。在他们眼里，老板分派的工作就是地雷，谁敢接就炸死谁。因此，这些人对有一定难度的工作，总是躲得远远的。某些极度"聪明"的人不但不会躲，还会想尽一切办法将"皮球"踢给老板。他们感觉事情交给老板做才是最安全的。即使做不成，也与自己没关系。当然，如果对某件事情老板想到了可行的解决之道，这些人就会按老板的意思去做。他们感觉这样才是最稳妥的选择。

试想，如果一家企业都是这样的员工，那这家企业肯定难逃失败的命运。因为这类人不但不能创造利润，还会制造一堆麻烦和危机。作为企业的老板，他们最不想听到的就是员工问这问那，自己没有一点儿想法。作为一名员工，你一定要明白，老板是你的领导，不是为你服务的公仆。你们之间是雇佣与被雇佣的关系，他出钱，你出力。因此，你要做的是为老板解决问题，而不是给他制造问题。正是因为这样，那些在公司危机之时主动帮助公司脱离困境的员工，才会受到老板的赏识。

作为一名员工，你要始终牢记：不要将问题留给老板。即使有问题需要老板决策。也要拿出方案来让他做“选择”,不能让他为你提供解决之策。那么,怎样做才能得到老板的欣赏呢?下面的几个技巧或许会对你有所帮助。

(1)工作中遇到问题试着自己解决

工作中遇到问题,是不可避免的,一名优秀的员工总是自己想办法解决这些难题,而不是将这些问题推给老板。想要成为一个能够解决问题的员工,就要在工作中努力做到:相信自己的判断,遇到困难冷静分析,然后做出果断决策,然后根据自己的决策去解决问题,而不是一味推脱,让问题越积越多。当一切问题都被你解决掉的时候,老板肯定会青睐于你。这样,你就会迎来升职加薪的机会。

(2)把困难当成机遇

很多时候,机遇都隐藏在困难背后。只要能想办法将困难克服,就能看到困难背后的机遇。克服困难的过程是一个学习和成长的过程。在职场中,每个人都会遇到不同类型的困难,如果你不能正确面对的话,困难就会成为你完成任务、实现目标的阻碍;如果方法得当,困难就会迎刃而解,成为你向上攀登的“梯子”。因此,解决困难是工作中必须经历的一个阶段。困难能磨炼你的意志、提升你的能力。正是因为这样,你才需要想尽一切办法解决那些挡在你面前的困难,做一个能独立解决问题的员工。当你能轻松自如地解决工作中的任何困难的时候,你就会迎来机遇,得到老板的青睐。

(3)永远不要为自己寻找借口

工作中,有些问题是你能力所无法解决的。此时,你需要借助外力,可以请教同事、朋友。但面对老板的时候,不要将困难一同带给他。即使是你解决不了的问题,也要带着自己的思路去找老板。让老板帮你选择,不要让他告诉你方法。因为对于大多数老板来说,他们喜欢能独立思考的员工,即使你思考的方案是不成熟的,他们宁可为你提意见,也不愿意帮着你寻找解决困难的方法。更重要的是,你不要在老板面前为自己的过错和失误寻找借口。他们要的是方法,不是借口。

4 统揽全局，做好协调

有一家公司准备开设新店，正在招聘新员工。随着公司的发展，老板对新员工的要求也不断提高：要求新员工能在处理问题的时候做到统观全局。负责招聘的人事部经理是一位优秀的人力资源管理者，多年的经验积累使他总结出一套独特的考察员工的方法。他几乎对每一位应聘者都会做出同样的事，就是指着办公室墙上的留言板问他们"你们在这里看到了什么？"

墙壁上挂着的留言板上没有留言，中间吸附着一颗很醒目的红色磁钉。应聘者十有八九都会在人事经理提问后思考一段时间，然后回答说他们看到了一颗红色的磁钉，并补充说这个是用来吸附留言条的，以及关于磁钉的位置和与之相关的种种话题。

做出这样回答的基本上都没有被人事经理通过、录用，这是为什么呢？人事经理后来透漏，做出上面回答的人一般都不太注重全局，为什么他们看不到远比磁钉大得多的留言板呢？相对于全局来讲，磁钉仅仅只是一个局部，一个不管面积还是重要性都无法和留言板相媲美的局部，他们将眼光仅仅盯在局部，注意力和思维都集中到一点，从而忽略了全局和整体。而公司录用人才的标准是在面对每一件事情时，首先要有纵观全局的洞察能力，然后要有洞察后的驾驭能力。所以，他们落选了。

你觉得这个故事有没有道理呢？这家公司的老总为什么会这么重视员工的全局观念呢？那是因为具有全局观念是我们做成大事的重要必备素质之一。只有在做事之前统观全局，才能对局势有个清晰地了解，才能够对我们所要做的事进行一个统筹安排，对时间进行合理的划分，决定什么该做、什么不该做、什么应该先做、什么可以滞后一点再做、什么应该分开做、什么应该同时做。所以说，统观全局是对时间进行合理管理的前提，我们要盯住“面”看，而不要只盯住“点”不放。

拥有全局观念是一个人走向成功的重要前提。时间管理要求人们从整体上把握一生的时间。在整个人生中，只有从整体上把握时间，充分利用时间，我们才能科学合理地安排自己的学习、生活及职业生涯，才能抓住时机创造成就使自己走向成功。

成功之路艰难而又漫长，起点与终点之间充满荆棘，我们只有具备全局观，学会合理安排时间，才能保证有充沛的体力和精力去挑战、去攀登。做事之前先统观全局，有助于从整体上把握一生的时间，牢牢抓住每天中的最佳时间和机会，能够把最重要的任务安排在最有效的时间去做，收到事半功倍的效果。

有了全局观念后，还有有一个明确的目标。所有的事情都是为了这个目的而存在的。所以，为了更快更好地达成这个目的，我们就要搞好事情的协调，一切事情都要为这个目的服务。

有人把协调这项工作概括为一个字——大。所谓大，就在于它涵盖面大，协调无处不在，无时不有，矛盾在哪里出现，协调就要跟踪到哪里进行；大，还在于它事关整体和大局，协调好坏直接关系到整体的发展。因此，搞好协调必须遵循和把握一些基本原则：

(1)顾全大局的原则

在实际工作中，要达到顾全大局的要求，首先，协调者就要胸有全局。要对所有的事情有一个清楚的了解，只有将全局的情况搞清楚，协调才能有根有据，否则，只能是无的放矢。其次，协调者要围绕中心工作做文章。特别是执行领导指示，组织大的活动，需要几个部门合作的时候，各部门要尽心尽力协调好各方面的关系，按照既定方案，集中力量，统一行动，各司其职，协力完成。再次，协调者既要通观全局，又要关照局部。全局不排斥局部，它是由若干个局部构成的。各部门虽然各有其独立的业务工作，但总的工作目标是一致的。因此，各部门要在认真执行上级指示和领导意图的前提下，主动协调，积极围绕中心任务开展业务工作，使工作服务于中心任务,促进中心任务的完成。

(2)讲求时效的原则

对领导机关来说,调整矛盾、理顺关系,归根到底是个工作协调问题。而任何一项工作的协调,都是有时间要求的,过了一定的时间,协调就失去了意义。可以说时效原则是协调的“生命”,不讲时效的协调,必然会误事,给工作带来损失。把握时效,一要注意时间要求,特别是一些“火上房”的工作,靠“慢功出细活”是不行的。

如果你能在工作中把握好上面的原则,并拥有统揽全局的眼光。就懂得搞好事情之间的协调,让事情之间的组合更合理更紧密,那么,你就离成功不远了。

5 改变你对工作的态度

世界上有许多成功的人,都是对工作认真负责的人。他们以工作为乐,把紧张的工作当成一种享受,在工作中寻找生命的意义和生存的价值,他们对工作永远都充满激情,永远是那么热情和专注。

也许你觉得工作态度并不是那么重要,也许你认为这些成功人士不具有代表性,也许你觉得这些成功人士的经验对你并不合适——有这种想法的人可能不只是你一个人吧!

一个好的工作态度,能给你带来许多意想不到的收获,最重要的就是我们可以通过改变工作态度来激发自己的潜能。

一项工作完成的质量高低,与工作态度有直接的关系。如果没有一个好的态度,那就会效率低下,结果草率,甚至完不成自己的工作,这种连锁的骨牌效应,不可忽视。

哈佛大学曾对上班族做过一次调查,结果发现:70%以上的上班族由于“工作压力带来各种健康问题,使人工作效率很低”。另一项由《工业周刊》杂志组织进行的调查则显示出,有68%的美国人认为他们“在工作中没有丝毫乐趣”。

在现代社会中，许多人都在疲于奔命，他们大多都背负着沉重的工作压力，但这种压力不但无法让他们获得更好的工作表现，更会在不知不觉间让他们健康受损，精神沮丧，情绪波动起伏大，最后导致他们的工作效率下滑。因此，作为一个现代人，如果想要在现代社会中大展身手，这种状态是不行的。生活中，那些反应迟钝、胆小如鼠、心中充满怨气甚至身体疲惫不堪的人，基本不可能有成功的机会。在这个持续变化的环境中，胜利最终是属于那些反应敏捷、做事灵活、足智多谋的人，属于那些对工作充满兴趣的人。

现代社会高速发展，复杂与多变已成为一种趋势，如果想在这样的社会中立足，就必须让自己适应并取得平衡。这正如历史学家沃尔特·里普曼对复杂混乱的20世纪的描述：**“外在世界已丧失了确定性，我们必须反求自身。”**

挑战日渐来到，但如果你具备了新的生活态度和习惯，就能激发出你无限的潜能。即使处在最恶劣的困境里，也要学会增强你的韧性和幽默感。只有这样，才能在竞争激烈的现代社会中脱颖而出。幸运的是，近几年随着工作需求的提升，带动了另一种研究的发展。这就是帮助人们的心脑功能可以在最佳状态下发挥作用。新的研究分别是研究人的心智和身体，这门科学使生理与心理的关系更加密切。

脑体科学不仅研究人的是生理变化如何在人的情绪和意志两方面显示出其作用，而且还研究在生理意义上思想和情感对我们所造成的影响。简单言之，就是脑体科学是基于这样一个研究理念，即你所感觉到的任何情绪都有确实的生物学的解释与之相对应。例如，气愤的情绪导致心跳加速，呼吸急促，血压升高，以及被称为“紧张激素”的肾上腺激素与非肾上腺激素在体内系统中含量增加；与之相对的，放松的感觉则意味着心跳减缓，血压降低，肌肉紧张度减小以及一系列的生理反应。

了解上述内容对人们今后的工作状态至关重要，其原因在于某些心智情况或某些生理反应能有助于思路清晰、信心和热情的增强以及效率的提高，而另外一些反应则导致思考僵化、判断失误和行动笨拙。

在一些大型的会议上，你是否曾经在发言的时候勃然大怒过呢？除了心跳快速加速和肾上腺素含量增大之外，那种糟糕的情绪还打乱了你大脑处理信息的速度，使你无法清晰而富有条理地进行思考，通常的结局是你丧失理智并与周围的所有人发生摩擦并产生误会。

感觉沮丧会导致同样的后果，你会因此而丧失明智做出决定的能力。当你沮丧时，你的身体器官都处于低潮，你的身体系统缺乏点燃热情的化学物质，你的大脑停留在过去的失败中无法自拔，因此害怕最糟糕的情形发生，以致你工作时缺乏动力，或者干脆将工作束之高阁。

将上述情况与拥有积极向上心态的结果相比，如果你充满活力与精力，且工作又充满乐趣，那么你将以一种良好的生理状态，轻而易举地达到持续高效工作的目标。拥有这样的状态，你才会信心十足地去追求自己的目标，你才会满怀创造力，向更艰巨的任务发起冲锋。

面对困难，你反倒会驾轻就熟地找到克服困难的方法，就像萨克斯演奏家布兰福特·马萨里斯进行独奏演出与彩排一样轻松熟练。不同的心态，无论是气愤、悲观，还是充满信心，都会对你的工作表现造成实质上的影响。

更进一步说，科学研究表明，你可以进行自我训练，以获取一种对抗压力、充满活力、保持精力的精神状态。

这些研究的结果对于那些在期盼在高压环境下崛起的商界人士来说，尤为重要。大多数人执迷于这样的生活习惯中，比如说，消极情绪能主宰他们的行为，饮食中糖分和脂肪过多，或者任由自己变得严肃呆板。恰是这些不良的生活习惯影响了工作的效率，也使他们因此而与成功失之交臂。

不过，一旦你改变了上述模式，你便可以改善你在各方面的表现。比如说，如果你有规律地运动，保持良好的饮食习惯及乐观向上的生活态度，那么你便可以提高工作效率，保持正确的工作态度和较好的工作成绩，进而使你被赏识、被重用，与合作伙伴相处融洽。也就是说，你可以有计划地使自己的生活更有规律，这包括五分钟的外出散步、吃一个苹果、下午三点钟的时候做几次深呼吸，这样你就可以使自己摆脱下午通常出现的疲倦感而精神振作，充分利用时间，有效且利落地完成一天的工作而不是拖泥带水。

因此，当你慢慢改变自己对工作的态度的时候，你会发现，原来，工作是件如此美好的事情。

6　针对工作目标，制订时间计划

在公司里，我们经常听到一些朋友在抱怨，工作量太大，老板给的时间又太少，案头的工作总是处理不完。可是，也是同样的工作，也有人能够做到长袖善舞，不仅能如期完成老板交给的任务，同时还有时间安排好自己的私人生活。

小丹和夏历历是大学同学，两个人毕业之后的生活却相差很大，夏历历不仅成为一家大型策划公司的策划总监，而且还有很多业务时间，安排了瑜珈课、学书法、学古筝，业余生活可谓丰富多彩。可是，小丹这边却忙得焦头烂额。

这天，夏历历热情地发出邀请："小丹，下午陪我去逛街吧?"。

"我是很想去逛街，可是，我还有教案没有写完，哪有心思去逛街啊!"小丹一边忙、着手里的活一边回答着。

"你这家伙，你不是一周只有四堂课吗? 那么多时间还不能备好课?!"夏历历很惊讶，简直不可思议。

"我也不知道怎么搞的，怎么我老是不停地忙，还是没有你们做得快!"小丹不由得懊恼起来，好像终于有了思考的机会。

"你是太精益求精了吧，去吧去吧，逛街多好啊。这几天有好多商场搞活动呢!"历历开始用她的煽动来打动小丹。

“实在是抱歉啊，我已经两个多月没有逛街了！我是整天在忙什么啊——”

小丹是一个高校教师，刚工作两年，作为年轻老师，她的课不多，一周才上四次，一次课两个小时，只需要备两次课，周五上午就上完了，余下的时间都是自由支配，很多人看起来羡慕得不得了。这也是小丹当初坚决要上研究生要当老师的最直接的理由。

可是，就这样一个在别人看来可以自由支配时间的人，竟然把自己陷入到忙乱的境地，整天连自己在忙些什么都不知道，连个逛街的时间都没有。看着比自己的工作任务重得多的夏历历，生活却悠闲自得，小丹不禁陷入了沉思。

小丹的问题正在于她没有明确的目标，所以不能制订出一份有针对性的时间计划。后来小丹接受了夏历历的建议，确定了明确的目标，并根据时间管理的合理性制订了具体的行动计划。计划不仅包括月计划、周计划还有日计划，实践了一段时间后，小丹已经可以游刃有余地处理自己的工作了。后来，小丹将自己的计划与实施结果不断对比和改进。很快，小丹不仅有了逛街的时间，还有很多空闲时间学习更多知识。

能够设定目标，并有效对时间进行管理，让分分秒秒都发挥出最大的效益，对我们每个人都非常重要。我们要想完成自己的工作，就必须学会如何合理地运用时间。工作永远做不完，而我们的时间却是有限的。时间很宝贵，转瞬即逝，但是它又是富有伸缩性的，只要灵活安排就可以发挥出最大效力。

正确地评估自己的时间管理系统，才能发现工作和生活中存在的缺点和不足，从而及时改正，否则我们很容易成为时间的奴隶。

“凡事预则立，不预则废。”无论做什么事情都要有计划。也许在很多人看来，做事前计划有些多此一举，而且耽误时间。可是它忽略了一点：磨刀不误砍柴工，也许最终决定成败的，就是你的“刀”磨得快不快？

王伟经营着一家规模不大的公司，他的办公桌前总是不停地有人找他去谈事，而且平时你遇见他，他都是风风火火的，很繁忙的样子。可是就这样的忙碌，公司至开办以来，效益一天不如一天。究其原因，他做任何事情都没有事前计划。公司开会，他从不做准备，在会上信口开河，想到什么说什么，不仅耽误了大家的时间，也让员工听得云里雾里，不知所云。

周通也经营着一家公司，他的公司不但规模大而且效益好，并且经常能看到周通怡然自得地坐在办公室里看报纸，从未见过他火急火燎的样子。从小周通做事就比较有计划，后来自己创办了公司，也要求员工事前计划，所以公司效益不错。

俗话说，磨刀不误砍柴工，在开始工作之前，你是否给自己留出一点时间，磨一磨心中的这把钝刀？其实，花在“磨刀”上的时间是最值得的，但遗憾的是，很多人一想到事情多，就不问结果，盲目地一头扎进去，最后得到的，当然是毫无章法的混乱结果。究其原因，就是他们为了完成眼前的事，草率地做了许多无用功，而忽略了做一个完整的工作计划。

计划是未来行动的前期决策。一位管理者，不管他是IT行业的管理者还是制造企业的管理者，每天都要面对在即定时间内完成既定工作任务的问题，因此，先制订计划再按照计划执行是非常重要的。

制订一个清晰、规范的计划，可以使你在具体工作中明确先做什么，后做什么，然后按部就班地去做，从而既有条理又有效率。

反之，无计划的工作就好像一盘散沙，让你开始工作时就感到无从下手，这样不仅耽误了你的时间，降低了你的工作效率，而且长此以往也会使你的精神处于一种杂乱无序的状态，带给你一种无形的工作压力。据了解，现在很多上班族由于压力过大而患心脑血管疾病的。

时间管理上有一种说法是“**计划的节省是最大的节省。**”也就是说，只有之前做好了计划，工作的时候才能忙而不乱，有条不紊，从而提高效率，节省时间。

要知道，花费时间进行计划的团体与没有花费时间进行计划的团体相比，前者能在短时间内实现计划，而且效果良好。换句话说，有效的计划是有效利用时间的基础。

一流的公司员工，做事必须有计划。与其紧张地做事不如轻松地前进，只需要在时间上作安排，就一定能做到这一点。花一点儿时间做计划，可以在执行过程中节省三到四倍的时间。你以前可能没有意识到事前做计划的重要性，也可能意识到了但总是懒得去做，如果是前者，那就从今天起让自己“知行合一”，如果是后者，那就改掉这种恶习。

7 整合资源，改进工作方法

有一次，福特经过一个屠宰场，发现屠宰场的流程很有意思，一头猪从被吊上钩子、去毛、脱皮直到被屠宰完成，都是在一个环形的架子上进行的，中间不需要将猪搬运到不同的地方。福特就想自己的汽车生产是不是也可以这样呢？于是他就开始将自己公司生产汽车的流程重新改造，协调各项资源，把各个工序的加工人员和加工地点进行合理的匹配。通过不断的资源整合，大大简化了生产工艺。不久后，世界上第一条流水生产线产生了。

流水线生产是对通过资源整合改进工作方法的最好诠释。由于流水生产线的产生，汽车不再需要运送到各个分厂进行装配，只要在一个地方就可以完成全部工序，一切都围绕完成汽车加工这个目标而运行。这样不仅简化了工艺流程，还大大提高了生产效率，节省了大量的宝贵时间，从而带来了丰厚的利润。

从某种意义上讲，在当今社会技术不是关键，而根据特定的目标和事物来进行资源整合才是最重要的。只有将目标与可实现目标的资源合理地整合到一起，使它们相互作用，才能达到理想的效果，也可以减少一些不必要的时间浪费。

另外，在与整合资源密切相关的是工作方法的改进。方法是开启“问题之门”的金钥匙。没有具体的方法，任何美好的理想和愿望都只是一张草图。看起来大家都在忙碌，但完成的工作量可能差异很大，为什么呢？你需要明白该怎样工作才能提高效率。

只有不断改进你的工作方法，才能让你游刃有余地处理好日常事务，摆脱疲劳与忙碌带来的困扰，获得更多的快乐和自由。

美国著名的管理学者杜拉克在一家银行当顾问时，发现这家银行的总裁，是一个很善于管理时间的人，也就是说，他有着极强的时间观念，非常注重自己的工作效率。他对所有无意义的事情有意忽略；不追求完美，但追求办事效果；对那些不重要的事情坚决说“不”。

杜拉克每月都要同这位总裁谈一次话，谈话中发现，总裁每次总是与他谈1小时30分钟，而每次晤谈，总裁事先都有充分的准备，所谈内容每次仅局限为一个题目，每当谈话时间进行到1小时20分钟时，总裁总是这样对他说：“杜拉克先生，我看我们该做个结论了，也该决定下一次谈什么题目了。”1小时30分钟一到，他马上就站起来握手告别。还是这位银行总裁，当他思考问题时，不允许有任何电话来干扰他，只有美国总统和他的夫人例外。而美国总统很少来电话，他的夫人则深知他的脾气，从来不干扰他。当思考问题过后，他才会以30分钟时间来接电话和接待访客。

现实生活中有许多人活得很累，工作很勤奋，但是就是不能取得突破，原因你明白吗？不要忘记，适时审视改进你的工作方法，一些看上去无关紧要的细节，就可以让你事半功倍。

我们身边有许多人每天工作忙得不可开交，在同样的一天中，他们过得比别人还要累，但是却没有别人的成绩显著。为什么呢？原因就在于他们无形中陷入了“常规工作陷阱”。他们的“忙”只是被例行常规的事务缠住了，而没去做真正想做的、重要的事。常规工作是每天必须做的事情，但是也是最容易把你套进去的事情，所以处理好这类事件显得尤为重要。这里我们为你提供几点方法。

(1)建立台账法

在工作中建立必要的台账，使杂乱无章的事务性工作从无序走向有序，是处理好各类事务的一种有效手段和基本方法。目前，随着计算机的普及和推广，可运用办公自动化手段，借助数据库管理软件，分门别类地建立人事档案、工资福利、车辆管理、值班记录等多种台账。当一次性录入数据后，只要平时做好数据的管理、维护和更新，就能在需要时及时调用，做到有备无患、高效快捷。

(2)触类旁通法

日常性事务虽然琐碎，但是又是有章可循的，我们要通过对具体琐碎事务的处理见微知著、举一反三，将事件分类，取得更多的工作主动权。只有这样，你才能够为自己寻求到解决问题的真正方法，让自己处理起工作来，更加得心应手。那些在工作中能够做到触类旁通的人，大多是聪明的人。而这些聪明的人，只要坚持奋斗，大多都会成长为公司独当一面的管理人员。

(3)综合处理法

在日常工作中，将事务性工作按照轻重缓急进行排列，优先处理重要的事和急事，对一些不重要、不紧急但又必须办的事务，采取合并同类项的方法，有计划地进行处理，可以收到事半功倍之效。

(4)授权委托法

在特殊的情况下也可将一些常规性事务工作委托其他人员处理，以集中精力处理难事。比如，可把文件复印、装订等简单的操作性事务交打字员完成，等等。

最后，处理日常事务始终不要忘记：时刻关注每天的中心任务，不要为常规性事务拖累而把重要的事情放在一边。做到以上的这些，你就能在无形中改进自己的工作方法，让自己在工作中更加轻松自由。

8 职场快速晋升的六种技巧

许多人在职场上都希望能够快速得到职位上的晋升。其实,只要注意一些方面,快速晋升不是梦。下面的这六个步骤,是许多人想要快速晋升的“葵花宝典”。

(1)向领导表白自己的目标

如果你想要升职,就要让你的领导知道,自己清清楚楚地把自己的目标告诉他们,让他们做到心中有数。

小玉在一家财务公司工作了两年,前两天,小玉获悉自己将接任客户服务经理。然而,她没有得到自己想要的工作——为新客户设计培训教学材料。这一工作由她的新上司负责。

新上司没时间自己动手设计,小玉于是毛遂自荐。她对新上司说:“我有创意,又有设计和写作经验,你就等着瞧我的吧!”不到3个月,她便完成了这项工作,设计出来的材料深受欢迎。没隔多久,小玉被提升为所在部门的副总管。

(2)未雨绸缪解决难题

在职场上,你需要用自己的能力证明自己。你要明白,一旦你升职了,就意味着你要承担更多的责任。你要学会充分估计到工作中所面临的困难,做到未雨绸缪,这样防患于未然的做法,要比亡羊补牢强之百倍。

三年前,小萍担任公司的人事经理。一上任,她就遇到棘手的事:因公司的经理们刚搬到几公里外的新办公室,留在仓库的雇员感到被忽视了,情绪波动很大,小萍一走,人心更加涣散。她遂把自己的办公室重新设在仓库。随后,她又训练仓库管理员们干故障检修员的工作,处理雇员关心的种种问题。由于她对这一切处理得非常妥帖恰当,她很快得到了提升。

(3)提出建设性的意见

在工作中不能提出任何见解的人是很难得到领导重用的,只有敢于提出自己见解,敢于表达不同观点的人,才会让领导欣赏。如果因为你的建议而让公司避免了重大的损失,那你就更能得到领导的青睐了。

某公司新任客户经理小军就职后的第二天便参加了公司高层会议,讨论公司推出的一种汽车底漆。"我们的漆一向是黄色的。"他在会上说,"但从跟客户的交谈中,我们知道他们更喜欢浅灰色的。"

尽管自己刚进入管理层,但小军仍然坚持自己的意见,解释为什么将底漆的颜色转为灰色能增加销量。不过,小军也相当精明,只是谨慎地谈到客户的需要。经过大量走访客户和市场调查,小军的看法得到了大家一致的肯定。

(4)全力以赴协助上司

许多上司都背负了更大的压力,他们急需要一个人来帮助他们分担自己的压力,如果是一个优秀的下属,就懂得有效地帮助领导分担一部分压力,从而得到他们的认可。

小强在上海一家房地产公司担任普通职员。他的工作是研究地图,打电话给可能有意租用本公司建设的摩天大厦的客户。当顶头上司说想跟他一起打电话时,他欣然同意。小强对上海的房地产情况了如指掌,上司则熟谙各类租户的需求。两人很快携起手来,各施所长,去说服租户租用他们推销的商业大楼。多年来,他俩一直相互帮助,合作融洽。后来,当上司改行当高级管理顾问时,他介绍小强到市内另一家规模很大的房地产公司任职。"最关键的是他信任我。"小强解释说,"一旦他要找人洽谈大生意,他知道派我去就放心了。"

(5)设法自己创造职位

如果单位里一时没有合适的职位,你可以为自己创造机会,找个合适的职位升上去。

萨克斯顿在著名的传播机构贝尔·霍韦公司任职时，一名高级管理人员要对公司众多分支机构进行分析，拟定计划以协调它们的工作。萨克斯顿把注意力集中于维尔丁电影制作公司。虽然该公司一直在亏损，但是萨克斯顿知道它可以扭亏为盈。为此，他提出一个具体的市场开拓计划，建议维尔丁公司卖掉电影制片厂，将业务集中在咨询顾问及推销新产品上，上司对此大为赞赏，当即把萨克斯顿提拔为维尔丁公司副总裁，主管市场开拓。不到一年工夫，他就使维尔丁公司芝加哥分部开始盈利。萨克斯顿用实绩向公司管理层证明他的能力，从而为自己创造了一个更高的职位。

(6)赢得同事们的信赖

同事之间朝夕相处，想要在职场上得到晋升，需要得到同事们的认可和信赖。只要与他们打成一片，在同事中获得了很好的声誉，那你晋升之路就容易多了。

小杰是一家肉类加工公司的主管。对他来说，同事们的支持至关重要。过去20年来，他是从生产线上开始，一步步晋升到高级管理层的。小杰以前经常代表大家与领班谈判，解决纷争，员工们都十分信任他。正是这种信赖，使得他屡屡升职。公司管理层深知，凭借他在员工中的威信，小杰完全可以当一名干练的经理。

第五章　懂得绩效为王——绩效是生存的首要法则

1 工作环境与工作效率

现代社会，物质上飞速发展，人们办工过程中的“硬件”水平也在逐渐提高，同时对办公环境的要求也越来越高，办公环境对人工作效率的影响也越来越大。整洁、明亮、舒适的工作环境，能够让员工情绪饱满，工作的时候也会充满活力，工作效率就会很高。

(1)注意办公室桌面环境

将办公室中的桌椅及其他相关公共设施，都保持得干净、整洁、井井有条。

从办公环境的状态可以侧面反映出员工的状态，会整理自己办公桌，并使之干净整洁的人，工作起来肯定也是干净爽快。他们为了更有效地完成工作，桌面上只摆放目前正在进行的工作资料；在休息前应做好下一项工作的准备；因为用餐或去洗手间暂时离开座位时，应将文件覆盖起来；下班后的桌面上只能摆放计算机，而文件或是资料应该收放在抽屉或文件柜中。

随着许多办公室改革的进行，许多的企业中已经废弃掉了个人的专用办公桌，而是用共享的大型办公桌，为了下一个使用者，对共享的办公桌应更加爱惜。

(2)办公环境与心理环境

“硬件”环境的改善虽说是非常必要的，但它仅仅是提高工作效率的一个方面，而更为重要的往往是“软件”条件，即办公室工作人员的综合素质，尤其是心理素质。这个观点正在被越来越多的白领们所接受。

日常工作中，内部同事之间，彼此的人际关系是否融洽也是非常重要的。互相之间以微笑的表情体现友好热情与温暖，以健康的思维方式考虑问题，就会和谐相处。工作人员在言谈举止、衣着打扮、表情动作的流露中，都可以体现出是否拥有健康的心理素质。

总之，一个办公室内的“软件”建设是必不可少的，它需要在心理卫生方面下很大的一番工夫。因为“精神污染”会涣散人们工作的积极性，乃至影响工作效率、工作质量，从某种意义上说要比大气、水质、噪声的污染更为严重。

一个优美的环境，对于身处其中的人有着不可忽视的魅力。优雅的厂区环境和现代化设备以及干净整洁的办公和住宿环境潜移默化地作用于员工，影响员工的心理状态，是提高企业生产率和产品质量的无形力量。

那些优雅的环境中，有许多令人心情愉快的因素，比如说井然有序的环境，整洁而明确、严谨得一丝不苟，富于变化而又简约，这正是产品生产所遵循的重要原则，它暗示产品生产不能马虎随便，工艺过程也必须井然有序、毫不含糊。整洁协调的审美环境给人的引导作用是明显的：它使人的情感得到陶冶，灵魂得到升华，它能在生产优质产品的同时“生产”出爱美的人来，爱美的人又反过来促使产品和环境更美。

环境可分为精神环境和物质环境。任何一家企业，它的物质环境一般由道路、建筑物、花草树木、机器设备、原材料、零部件、生产用品和员工着装构成。每一个环节都可注入美的内涵。比如说路，一个好的道路，能够让企业的环境更加美丽。同样都是一条马路，如果中间两条车道线一画“秩序”就出来了，给人一种远去的感觉，似乎前途无量。厂区好像一块布，路犹如衣服的线缝，有了路，才有了结构感。世界上许多优秀的企业都十分注重道路的布局和结构，也很讲究道路的色彩和图案。

美的东西常常能够在物体的结构上表现出来。因此，一个企业的房屋结构也非常重要，应该讲求艺术性，给人一种舒服的“感觉”。有的厂房，方正大块，给人一种严谨稳定感；有的厂房是圆弧的大块，给人一种既充满活跃又不失稳重的感觉。根据生产功能的需要，厂房应形成疏密相间、错落有致的艺术组合，给人以心灵上的触动。

花草树木，也是美化环境中必不可少的一环。如果在办公室里种上几盆鲜花，就极有可能会是消除员工疲劳的良药；如果有条件，布上灌木绿篱、由图案组成的花圃，生机顿显，会使置身其中的员工感到自己所在的是一个朝气蓬勃、蒸蒸日上的企业；如果再有条件，开辟几大块草坪绿地，形成开阔的视野，给人以美感的同时，则展示了企业宏远的气魄和坦荡的胸怀。

此外，色彩对企业环境的营造也起到了十分重要的作用。抽象派的代表人物康定斯基说："色彩隐藏着一种力量，虽然少为人们所感觉，但却是真实的、显著的，而且感应着整个人体。"不同的色彩可以激起人们不同的情绪，颜色映入眼帘除了引起人们产生冷暖、轻重、远近、大小等物理感觉外，还能引起兴奋、抑郁、紧张、轻松、烦躁或安定等心理感觉。企业所有的色彩都应注重它对人情绪的影响。

大量实验结果表明，一个优美的生产环境对提高工作效率是十分有帮助的。如工厂门窗安置适当、明净漂亮可提高劳动效率4%以上，照明符合标准可提高生产效率10%左右，车间内外环境整齐清洁可提高生产效率6%以上，等等。这些数据准确与否，我们可暂且不议，但我们起码可认识到：环境对人的影响是大的，它总是以某种方式唤起人们的情绪反应，这种情绪反应会直接影响到员工对企业的态度，当员工的情绪愉快时，人的潜能和创造力会得到更充分的发挥。

2 有效利用你的工作时间

"掌握自己的时间"，意思就是要过得充实、愉快。其真实含义，就是要好好地体验生活的过程。为此目的，无论你怎样为自己设定目标，也无论你怎样为自己订立时间表，只要你以自己的风格来管理自己的时间，每一天都能构成你真正生活的一部分。你的逻辑偏爱，可以影响到你的微观管理、宏观管理、学习计划，甚至人际关系。如果你的逻辑偏爱能使你有效地利用时间，你便不会对自己和别人有不切实际的要求。你会充分利用你自己的时间，也会充分利用别人的时间。

如果你管理时间的方式倾向于运用逻辑思维，那你就喜欢日历、列表以及课程表这样的传统时间管理工具。你喜欢当天的事情当天做完，任务完成得不仅准时，而且有条不紊。你工作的地方干净利落，东西都分门别类地摆放着。你每件事都遵循时间表来完成，按部就班，井井有条，一旦受到打扰你会感到非常气愤。在时间管理上，你认为自己已经做得相当不错了。

如果你管理时间的方式倾向于运用综合考虑，那你就不会使用传统的时间管理计划，但这并不代表你不善于管理，并且缺乏时间管理的技巧。表相上的混乱只不过是管理任务和支配时间的方法不同而已。在你眼里，只要主要观点不存在问题就不应该拘泥于小节。这样的你经常可以同时做很多工作，很容易在不同工作之间转移。你不喜欢所谓的最后期限，而喜欢自主安排时间，这样才能保持你的精力充沛。在别人看来，你可能无所事事，但你的内心却在安排着自己的计划。然而，在偶尔的情况下，你同时做多个工作的偏爱会成为你的负担，并会最终导致你不能如期完成任务。

为了节省时间，我们需要把各种事务性的工作和琐碎的小事集中起来，专门拿出一段时间来处理这些事情。把类似的事情划分到一起。

这种集中处理的好处是：连续处理同样的事情，会产生惯性，注意力也比较容易集中，而且准备工作只需要做一次就可以，这样既省时间又有效率。

如果把整理资料这种工作（例如，一天需整理 3 次，每次需要 20 分钟）分散在一天的不同时段处理，也就是整理几次，肯定要比连续整理（一次整理 60 分钟）需要的时间多。即使只想讨论某几个问题，也要安排在一个专门的时间段集中处理。

持续工作时间不宜太长，最好是 30 分钟～60 分钟。只要你试验一次，便能体会到连续生产工作方式是多么省时省事。

当天出现的琐碎事，如阅读邮件、口授复函、备忘录，等等，应当当天了结。若推迟一天或数天，会因积压而造成工作不便。请设想一下，把累积几日的信函一起处理，不仅工作量大，还要额外付出更多精力，甚至可能带来损失。

一旦你开始做某项工作，就要把它做好，不要半途而废。如果一项工作过于宏大，不能一次做完，那你该怎么办呢？很简单，你可采用“各个击破”法——把这件工作化解成若干个分段，最好用文字记录下来，然后强令自己完成一段后再间歇一下。这样在每干完一段落的时候，你就不会觉得头绪紊乱，而且会觉得离大功告成不远了，随时都可以鼓足劲干下去。

例如，你要完成一份很长的可行性研究报告，那么你应该怎样安排进度呢？千万不要按一次只写半个小时来安排，你要先想一下你要写的内容，整理一下思路，然后列出大纲，生成目录，按目录安排进度。这样每当你完成一个标题的时候就会有一种成就感，并且十分清楚自己下一步应该做什么。往下写的时候，你就不需要再重新整理思路，也就不会浪费宝贵的时间和精力。

1984 年，名不见经传的山田本一获得了冠军，成为东京马拉松比赛最大的一匹“黑马”，当记者问这位冠军凭着什么取得了如此惊人的成绩时，他只说了一句话：“我仅仅是凭智慧战胜了对手。”当时很多人把这个偶然跑到前面的小个子冠军的成功看成是一种偶然与运气，并没有追究他说的这句话。因为马拉松是体力和耐力的运动，爆发力和速度属于次要的因素，而山田本一所说的用智慧战胜对手实在有点儿牵强。

两年后，山田本一代表日本队参加了意大利国际马拉松邀请赛，这次，他又出人意料地夺得了金牌。当记者蜂拥着这位冠军请他谈经验的时候，不善言谈的山田本一依然说了那句话：“我仅仅是凭智慧战胜了对手。”这一次，人们不再怀疑他的话，而是在报纸上探讨不已，并深深地感到迷惑不解。

10 年后，谜团终于被解开了，山田本一在他的自传中指出，每次比赛前，他都要开车沿比赛的路线观察一遍，并把标志性的东西画下来，并牢记在心。比如第一个标志是一棵大树，第二个标志是一个烟囱，第三个标志是一个雕塑……这样一直画到终点。

当比赛开始的时候，他就以百米的速度冲向第一个目标，当第一个目标到达后，他又以同样的速度冲向第二个目标。就这样40多公里的赛程被他分解成许多个小目标一段一段轻松地跑完了。山田本一说，刚开始他总是把目标定在终点线上的那面旗帜，结果没跑十几公里就已经累得不行了，他是被那遥远的目标吓倒了。后来他领悟了分段设定目标的思想，从而成为举世瞩目的冠军。

山田本一长跑中的"智慧"可以借鉴到日常的工作中。如果你能够将自己的工作也分成若干段去完成，就会养成所谓"强制去完成"的良好行为方式，并为你每天省下很多时间。

如果是一项长期的工作，那就排一个详细的计划表。但是要使每一个细小工作简化，更便于操作，可以使一项复杂的工作在几分钟以内做好。这样当你在每次与人会谈之间，或在等电话的几分钟内，就可以解决一两项立即可以做好的小事。没有这张工作分段表，你可能永远不会着手去做这件大工作。

3 设定目标，并努力实现它

有人问英国前首相撒切尔夫人："您是怎样在日理万机之外，还能照顾好家庭的？"

首相撒切尔夫人答复是："把要做的事，条列下来，做好之后，再一项项删去就成了！"听说上去非常简单，但仔细思量之后，你会发现，这句话中隐藏着时间管理中非常重要的一项智慧——如何对待已经制订好的计划。

没有了目标，往往也就没有了动力，没有计划，往往容易遗忘目标，计划的重要性，人人皆知。而最关键的问题是，最美好的计划都是完美执行后的计划。你到底怎么对待你的计划呢？是制订之后便抱着一劳永逸的态度，将其抛之脑后？或者是刻板地按照计划程序性地进行，不容许一丝一毫的改变？不，这并不是一个正确的态度，某种程度上，你这样是在浪费你为计划付出的努力。

做正确的事比正确地做事更重要。不论做什么事，我们都要保证自己的努力和目标一致。天有不测风云，制订过的计划，不可能包括现实的所有情况。计划是死的，而现实是活的。当你开始积极的行动，发现现实和计划有所冲突的时候，不妨按照现实情况修正你的计划，让计划越来越趋于完美。当你在执行计划的过程中，发现你所不曾预测过的问题不断地出现，你发现你无论如何努力，自己总是慢、总是迟、总是赶，总是无法完成计划的时候，很有可能不是你错了，而是计划错了。这个时候，你不妨静下心来重新审视自己的计划，找出其中不切实际的地方，将它修正过来。

一个忙碌的人，不会没有重点地积压任何一点时间的，相反他会对那些影响自己全局整体的关键部分特别关注。已经制订好的计划就是需要特殊关注的一类事物。试想，你乘坐渡船到成功的彼岸，你会不关心自己的船吗？你会忘记修一修，调整一下航船的舵轮吗？当然不会，其实计划就犹如你到达成功的船，你借助它一步步地攻克难关，奋勇向前。经常检查和调整，你才不会误入迷途。

英国有一句谚语说得好：**“对一艘盲目航行的船来说，任何方向的风都是逆风。”**目标是我们行动的依据。没有目标，我们的热忱便无处释放，无处依归。

人生有了目标，才有斗志，才能开发我们的潜能。既然目标如此重要，那么如何设定目标呢？设立目标既要考虑自身的条件又不能忽视外部的环境。

威尔·罗杰斯说，人们应当设立通过努力可以达到的目标，而那些不可能实现的目标。高而不可能达到的目标，只不过是美丽的肥皂泡，终究是要消灭的。这样的目标给人以挫败感。例如一位大学生为自己设立的目标是大学一年级赚10万元钱，一部分作为学费，一部分给家里，一部分用于恋爱消费，还有一部分用于买电脑。这个目标虽然是清晰量化，也有完成期限，但是不可实现的。

一个好的目标应当是只有通过勤奋努力才可能达到的，既不是高不可攀，也不是唾手可得的。一个好的目标应当是高目标与现实之间的平衡，是自身条件和外部环境的最佳结合。

自身条件包括自己的爱好兴趣、专业特长等。目标首先要从自身条件出发，在于如果目标契合自己的爱好，那必然会产生内在的动力和激励，使自己的工作在快乐中走向成功。而根据自己的特长来设定目标，则可以提高自己的竞争力，使得自己有个很高的起点，站得高、行得远。

目标设立同样不能脱离外部条件。人总是社会的产物，人的成功总是由社会来评价的。社会需要什么？供给情况怎么样？某个社会领域中资源的竞争激烈程度如何？这些都是设立目标时不可回避的问题。提前进入一个无竞争的领地，或者选择鸡蛋碰石头，与行业巨头叫板，这两种选择得到的显然是两种不同的结局。

不成功的人有两种：一种是根本不立志，一种是经常立志。不立志的人喜欢随遇而安，过一天是一天。他们没有什么目标，不会为之奋斗，从而也不可能有辉煌的未来。而常立志的人则属于意志不坚定的人，他们总会因为外界的其他诱惑而改变自己的目标，到最后变成了没有目标。正如“有志之人立长志，无知之人常立志”。不立志或者常立志终将导致一事无成。

在国外，研究意志品质对人的影响的比较有名的是美国心理学家特尔曼和西尔斯对1000名超常儿童50年的追踪研究。研究结果表明，50年后虽然这些人的智商仍彼此接近且高于一般人，但他们的状态却大不相同，有的人已经名利双收，而有的人仍默默无闻。产生这样结果的最主要原因在于意志品质。

成功的人对于自己的事业充满热情，百折不挠，为实现最终目标保持不屈不挠的执著精神；而那些最终没有什么成就的人大都意志薄弱，没有明确的目标，遇到困难就选择放弃，没有奋斗的动力。

为什么朝三暮四的人终究成不了大器？一个人的精力是有限的，能做成的事情也是有限的，要想成为一个面面俱到的人是不可能的，因为你把时间用在了这件事情上，在另一件事情上花费的心思必然就会减少，如果自己有很多目标，今天想当音乐家，发现自己嗓音不行，就转而去办企业，这样只是让自己从一个平台转到了另一个平台，并没有技能的累积。自己的真正优势可能就停留在一个半瓶醋的水平上，根本没有得到提升，这样根本是在浪费时间，即自己花费的时间不是有效的时间，只是让自己在从一个平台跳到另一个平台，没有上升，这样怎么能成就一番大事业呢？

拿破仑曾说："战争的艺术就是在某一点上集中最大优势兵力。"生活的艺术则是选择一个进攻的突破点，全力以赴地进行冲击。

"一个人不能同时骑上两匹马，骑上这匹，就会丢掉那匹"，"与其花许多时间去挖很多没有水的浅井，不如花同样的精力，去挖一口有水的深井"，一定要坚持你自己的方向，你的兴趣就是你的资本，你的性情就是你的命运，个人有个人的理想，但是千万不能朝三暮四，那样会一事无成的。

因此，一旦自己确定了一个目标就不要随意改动，只有自己全身心投入，把自己的有效时间花费在这个自己愿为之奋斗的目标上，才能获得更大的成功。

4 保持高效工作的技巧

在职场上，效率一直是人们所追求的最高境界。许多人都在苦苦寻找如何提高自己效率的方法，与其这样，还不如让自己好好静一静，放松一下。要知道，"磨刀不误砍柴工"，只有会休息的人，才会工作。

在竞争激烈的现代社会中，工作效率的高低能够直接影响到企业的赢利多少。因此，想办法提高工作效率，是任何一家企业都在努力追求的事。想要快速提高企业员工的效率，也是有法可寻的，只要方法适当，员工的工作效率自然就提上去了。

(1)喜欢你的工作

想要提高你的工作效率，首先要有知足感，对自己的工作满意。有些人认为，对工作满不满意与效率没有直接关系。其实不然，试想，如果一个人对自己的工作都不能感到满意，就不会把工作当成自己的事业和追求，更不会去钻研去投入，这样就很难作出成绩来。如果你并不喜欢自己的工作，也不打算在这一行干下去，那你怎么可能去花费时间和精力去研究自己的本职工作呢，就更不可能做出业绩了。因此，要喜欢并热爱自己所从事的工作，这是产生高效率的根源。

(2)时刻总结经验教训

在工作中，每个人都难免会犯错误，但犯了错误并不可怕，关键是能够从错误中吸取经验，避免下次再犯同样的错误。这需要能够在工作中时常总结经验，并使自己日臻成熟。自己能够把自己工作中的成绩和失误一一列出来，做一个比较，看一下哪些是满意的，成功在什么地方；哪些是不满意的，失败之处又在哪里。然后，为自己的失败寻找方法，让自己能够解决所有的困难和问题。其实所谓的捷径，就是能够少走弯路。而不断地自我反省，自我总结，就能够让自己尽量地少走弯路。只有这样，自己才能够避免在以前摔倒过的地方摔倒，才能以自己的经验指导自己走自己的捷径。

(3)找到最适合自己的方法

各行各业，都是活到老，学到老。每个人，都需要在自己的工作岗位上不断探索，不断钻研，不断发展，这样，才不至于因解决不了问题而止步不前。在工作方法上，其实并没有一个统一的标准，每个人都有最适合自己的方法，而找到适合自己的，行之有效的工作方法，是非常重要的。那些最适合自己的工作方法，是在日常的工作过程中，不断地积累，不断地摸索而得出的。工作方法从很大程度上会影响到你的工作效率，因此一定要重视寻找到最适合自己的方法。虽然工作方法千差万别，但有两点是一定要做到的：一要思路清晰，二要行之有效。

(4)不能依赖别人

工作过程中，难免会遇到困难，这个时候，第一件事情是要自己想办法解决，而不是把困难抛给别人。自己可以向别人请教解决之道，却不要把事情完全交给别人去做。因为，任何一个人，都不如自己可靠。因此，工作上遇到的问题一定要自己分解，哪些是自己很容易解决的，哪些是自己查阅资料可以解决的，哪些是同事协助可以解决的，哪些是根本就没见过的，分清楚之后，理出解决方案，需别人协助解决的，将问题细化明确后与其讨论，讨论有结果后，要及时将解决方法记录，以备后查。而该问题解决之后，以后就应该成为你自己可以解决的问题了。而自己可以解决的问题越来越多，以后工作的效率自然会越来越高了。

(5)制订规范和流程

俗话说：没有规矩，不成方圆。拥有一个好的工作规范和工作流程，将会大大减少无用功，节省宝贵的时间。在制订工作规范和工作流程时，要借鉴自己从事工作行业上的规范、流程，然后把它与自己所从事的岗位结合起来，制订一个清晰可靠的规范和流程出来。比如，在研发工作上，软件工程有很好的开发规范，参照该规范进行开发，可能短期内并不能提高什么工作效率，相反，还可能给人一种耽误时间的现象，但实际上，长期来讲，一个按照开发规范进行的项目，在整个开发过程中，都会条理清晰，有据可查。对于后期维护及升级时，也提供很好的依据。

(6)规划好自己的时间

一个在事业上获得成功的人，一定是一个时间规划的能手。在一天有限的 8 个工作时间内，如何做一个合理的规划，能够让自己在这 8 小时内做好自己的工作，更有效地工作，这需要付出一定的心血了。对自己每天的工作一定要有认真的规划，有哪些工作要做，要达到什么样的结果，重要性是怎样的，先后次序如何安排，如果未完成如何处理，等等，一定要合理规划。只有合理规划好了时间，安排好了工作，这一天才能有条不紊，才能高效。

上面的六个技巧能够快速提高你的工作效率。如果你想在职场上保持高效率工作，不妨将这些技巧运用到工作中。你会发现，自己的工作效率会在不知不觉中得到很大的提高。

5 将复杂的工作简单化

职场上有两种人：一种人喜欢把简单的事情搞得复杂；另一种人喜欢把复杂的事情变成简单。

能够将复杂的事情简单化的人大多是真正做事的人。对于一名员工来说，没有谁愿意将简单的工作弄得复杂，这样既辛苦又影响效率。相反，将复杂的事情层层简化，才能事半功倍，最大化地提高办事效率。

同样一件事情，交给不同的人做会有截然不同的结果。有的人可能辛辛苦苦查了半天资料，借用各种资源，将事情弄得十分复杂，结果还没有将事情做成。有的人可能会在很短的时间内，找到解决事情的最佳方法，然后很轻松地将事情办好。这是为什么呢？最关键的原因是两种思维方式的不同。喜欢将事情复杂化的人，总认为事情没有那么简单，他们会试图从各种角度看事情，从多个方面着手，最后累死累活还没有效果。喜欢将事情简单化的人，总是善于抓住事情的本质，从最简单的角度出发，将事情办好。

有一次，美国著名发明家爱迪生交给助手一个任务：测量一个形状不规则的灯泡的容积。

这件事看上去并不难，可由于灯泡的形状不规则，计算起来可能会稍微费些力气。

助手接到这个任务后，一分钟就没耽误，马上投入到了工作中。他将标尺、纸、笔、计算器一股脑儿放在桌上，一会测量，一会计算,一会在纸上写下各种复杂的数学公式,忙得不亦乐乎。可是,半天过去了,满头大汗的助手还没有测量出一个结果。他想了想,去了趟图书馆,借来一大堆有关几何知识的书,从书中翻出来好几个计算公式,想要通过这些公式再计算一下。正在这时,爱迪生进来了。他看着满头大汗的助手,又看了看堆在桌子上的一大堆书和稿纸,爱迪生立刻明白发生了什么事。

助手看到爱迪生,小说声:“这个灯泡形状不规则,不大好测。您别急,我刚从书上看到几个公式,我马上再算一遍。”爱迪生没有说话,从桌上拿起灯泡,往灯泡里倒满水。然后递给助手说:“不用算了,将灯泡里的水倒在量杯里,马上就能看到它的容积。”

助手看看量杯中的水,拍拍脑袋说:“真没想到如此简单,原来简单就是高效啊!”

通过这个故事可以看出,将一件事情弄得复杂,会越做越复杂。如果将它看得很简单,会很轻松地做好。当我们在遇到事情的时候,一定要认真思考,力求将复杂的事情简单化,在整个过程中,我们可以从以下两个角度着手:

(1)遇事多思考,寻求最简单的解决之道

遇到事情,千万不能慌张,要多观察,细思考。看看这件事情有没有更简单的解决办法。千万不能遇事就急于上手,到最后白白忙了半天,越搞越复杂,最后自己都崩溃了,事情也解决不了。

在很多人眼中,事情都没有那么简单。所以,一遇到事情,他们就会从最复杂的角度去思考,以为思考得越细致,将事情弄得越复杂越能显示出自己的能力。这样的结果往往会让人钻入牛角尖。实际上,懂得将复杂的事情简单化,才能将事情做更好。

在一所大学的研究室里,有一台机器发生了故障。研究人员需要理工清楚机器的内部结构。可是,这台机器由100根弯管组成。想要将内部结构彻底弄清楚,需要将每一个弯管的出口与入口都一一弄清。可是，这么复杂的构造，却没有任何可以参阅的图纸。

针对这件棘手的事，研究员们想了许多办法，甚至动用了许多高精度的仪器，但仍然解决不了任何问题。后来，在学校传达室的一位老大爷帮他们解决了这个难题。传达室的老大爷有什么神奇的办法来解决这个棘手的难题呢？其实，办法很简单，他只是吸了一口烟，然后把烟吐在一根弯管口内，看这缕烟从那个出口冒出来，冒烟的出口就是这根弯管的另外一端。以此类推，很快就弄清了100根弯管的结构。

“先制订计划后实施”是许多高效率的成功的工作习惯。高效率工作不是一句口号，而是在自己的工作实践中体验，并不断加以调整和完善。

做一份切实可用，简便有效的工作计划，其最大的好处就是有助于我们安排日常工作。要做好一份工作，先走哪一步，后走哪一步，是至关重要的，这就需要你为自己的工作制订一份有效的工作日程表。

许多人终日劳碌，忙得焦头烂额，却总是不见有什么成绩，许多人都发出这样的抱怨，原因就是缺乏一个详细的工作计划。很多人在抱怨自己一事无成的同时，却又在漫无目的地工作和生活，没有给自己制订一个详细的工作计划表。虽然他们每天都在埋头苦干，偶然也能得到一些小的收获，但是加薪、晋升等一些好事却和他们无缘。

(2)要区别地对待工作目标与工作成效

制订出一个好的工作目标，只是完成了第一步，还需制订周密的计划和步骤，以便可以“多、快、好、省”地完成目标，实现自己预期的成效。

一个人的时间和精力是有限的，如果不能制订一个切实有效的工作日程表，那当他面对突然涌来的大量事务会手足无措。如果你想有效地利用时间，避免事务缠身，就必须制订工作计划。你可以把所要做的事情排一个顺序：把那些有助于实现目标的重要的工作放在前面，依次为之。把所有的事情排一个顺序，并把它记在一张纸上，这样，你就为自己制订了一个工作计划。养成这样一个良好习惯，会使你每做一件事，就向你的目标靠近一步。

一位大型企业的经理去拜访卡耐基。经理看到卡耐基那张干净整洁的办公桌感到很惊讶。他问卡耐基:“卡耐基先生,你没处理的信件放到哪儿了呢?”

卡耐基颇为自豪地说:“我的信件都处理完了。”

“那你今天没做的事情又推给谁了呢?”经理紧追着问。

“我所有的事情都处理完了。”卡耐基微笑着回答。看到这位经理困惑的神态,卡耐基解释说:“原因很简单。我知道我所需要处理的事情很多,但我的精力有限,一次只能处理一件事情,于是我就按照所要处理的事情的重要性,列一个顺序表,然后就一件一件地处理。结果,全做完了。”说到这儿,卡耐基双手一摊,耸了耸肩膀。

“噢,我明白了。谢谢你,卡耐基先生。”

几周以后,这位经理邀请卡耐基参观自己宽敞的办公室。他对卡耐基说:“卡耐基先生,感谢你教给了我处理事务的方法。过去,在我这宽大的办公室里,我要处理的文件、信件,堆得和小山一样,一张桌子不够,就用三张桌子。自从用了你的办法以后,情况好多了。瞧,再也没有没处理完的事情了。”

这位经理就这样找到了高效率做事的办法。几年以后,他的公司规模越来越大,而他处理公务游刃有余,还经常抽出时间陪家人度假。

把每天所要做的事情,按照重要程度、时间紧迫程度订个计划进度表,对于提高你的工作效率很有帮助。在工作中,你为自己制订一个详细可行的计划,其最大好处就是有助于安排日常工作的轻重缓急,并且能够培养你的行动智慧。而且,这样大大简化了你每天为了成功而努力做众多决定的过程。工作计划,能使你把一天的时间安排好,而这对于你成就大事是很关键的。

6　不要将今天的工作拖到明天

很多人都习惯于把事情拖到明天再去做。可是,“明日复明日,明日何其多!”明天之后还有明天的明天,如果所有的事情都拖到明天才去做,那么事情就永远没有做完的时候了。

著名画家柯罗是个十分珍惜时间的人。有一次,一个青年画家把自己作品拿给柯罗看,希望柯罗能给他一些建议。柯罗看过他的画之后,指出几处他不太满意的地方。青年画家听了之后对柯罗说:“谢谢您的建议,明天我会全部修改的。”柯罗听后却有些生气了,激动地问他:“为什么要明天?你想明天再修改吗?今天的事就应该今天做,不要等到明天再做!”青年画家听后马上对柯罗说立刻就改。后来,这位青年也成为了一位杰出的画家。事后他常对人说,自己这辈子最感谢的人就是柯罗,正是他的那次生气改变了自己的一生。

在第二次世界大战中,三巨头之一的丘吉尔可以说是个高效的工作狂,平均每天工作17个小时,还使得他的10位秘书也弄得手忙脚乱。他制订了一种体制,给那些行动迟缓的官员们的手杖上,都贴了一张“即日行动起来”的签条,就是为了要提高政府机构的工作效率,解决政府官员办事拖延的问题。

既然你吃的是今天的饭,就不要把今天的事情拖到明天去做。今天的明天就是明天的今天。在等待着一个又一个明天中,你浪费了一个又一个今天。最终,你浪费的是你的整个生命。

拖延是个人责任感的敌人,更是工作效率的敌人。拖延会使我们所有的憧憬、计划和理想落空。如果你能够坚持今天的工作今天完成,即使你现在一无所有,最终也会抵达成功彼岸。无论遇到什么样的困难,都不要找借口把今天的事拖延到明天,把找借口的精力用在努力工作上,总有一天会成就一番事业。有时候我们之所以说事情艰难，往往是由于我们没有尽到最大努力。我们说自己已经尽力了，实际上我们并没有把最大的潜力发挥出来。“世上无难事，只要有心人。”只要我们学会想尽一切办法，穷尽一切努力，就没有不能解决的问题。

“快！快！快！为了生命加快步伐！”这句话是英国亨利八世统治时代留言条上的常用语，用来警示人们时间的重要性。旁边还有一幅漫画，漫画上画的是没有准时把信送到的信差在绞刑架上后悔莫及。当时邮政事业还没有兴起，邮件都是由信差发送的，如果路上延误了就要处以绞刑。

试想，假如不能按时完成任务，你就会被处以绞刑，你还会心不在焉地工作么？你还继续把今天该做的事拖到明天完成？现在该打的电话等到一两个小时后才打？这个月该完成的报表拖到下个月？这个季度应该完成的进度，还要等到下个季度？

如果从今天开始，你每天会获得一万元现金，不管你怎么花都可以，但是有一条规定就是你“你不可以用在贷款中分期付款，而且在每天结束的时候，没用掉的钱会自动消失，没有办法存起来。”面对这样的情况，你会怎么安排这笔钱的去向呢？

刚开始的时候，你可能觉得很新鲜，很过瘾。每天的一万元可以用来买很多好吃的，可以去很多地方旅游。但是，没过多久你就会感觉到厌倦，因为生活中没有太多的东西需要经常以旧换新，再好的好吃的吃多了也会腻，再美的风景逛多了也会麻木。

以上所说的“每天一万块钱”，不就是我们每天所面对的 24 个小时吗？这 24 小时会被我们用在吃饭，睡觉，上班，看电视以及坐车这些事上。仔细一想，在公司我们每天见到的同事是同样的人，客户也差不多，工作内容就那些，没有太大的变化，即使变化就那几种情况。在同样的环境呆久了日子渐渐变得有规律而平淡，唯一存在差异的地方就是每天的工作有多有少，至于个人需要解决的问题以及解决问题的方法，在日常生活中也都差不多。

我们怎么才能使每天的那一万块钱花有所值呢？如果没有想清楚，我们可以把它留在口袋里，等规划好了再花，可是时间却是不等人的。你属于下面那种情况？是前一夜上床前就对第二天要做的事心中有谱，还是无论心情是否压抑，身体是否健康，生活是否乏味都只是很单调的忙碌而已？

时间究竟该如何管理？它不能存，不能留，只能被安排。于是，时间管理就成为一种艺术。我们怎样才能变主动为被动？怎样才能不输给时间？

请拿出我们的小算盘来精打细算，就像我们在付钱的时候，我们心里很清楚自己会获得什么，无论物质上的还是精神上的。

把握好今天是最重要的。一个成功的时间管理者应该意识到这一点，今天是我们唯一能够掌握的时间，一定要合理支配。过去的已经无法挽回，明天还是未知数。世界上每一件事的完成都是由于某一个人或者某些人意识到今天行动的必要性。请好好地珍惜今天。

很多人都喜欢把“明天”挂在嘴边上。“这件事明天再做吧。”“明天还有时间呢，等明天吧。”“今天累了，明天再继续好了。”有这样的心理，是因为我们对“今天”的重视还不够，假设今天是我们生命中的最后一天，你还会等待明天？显然不会。你一定用自己百分之百的精力，把今天的事情做好；你一定会用自己的热情，为明天的事做好准备。

7 在从容中提高工作效率

忙碌，曾经一度是充实的代名词。但是，忙碌付出的代价要比充实多得多。而这些代价却又是我们人生的乐趣之所在。仅仅作为谋生手段的工作是不快乐的，发挥智能和实现生命价值的工作是快乐的。当工作和生活能互相平衡时，它们往往能相互促进，提升工作和生活的整体效率和质量。

工作中，我们应该培养自己高效的工作习惯，明白时间的珍贵，从而在工作中树立良好的时间观念，合理利用时间，坚决杜绝浪费时间的坏习惯，只有这样，才能和忙碌说再见。凡事应该分清轻重急缓，设计优先顺序，记住这个定律并把它融入到工作中，对于最具价值的工作投入充分的时间，否则你永远都不会感到安心，你会一直陷入无止境的忙碌之中。

人是一种有灵魂的生命，是灵魂就有他所要追求的东西，一个灵魂能够为他所追求的东西而不惜任何代价，不惜劳累、辛苦，因为追求自己的梦想是一件非常快乐的事情。

要想使自己的生活有价值，就要首先规划好自己的人生，想想你为什么而生存，想成为什么样的人，想做出什么样的成就等等，花时间好好想想这些问题，并且让它们时刻活跃在你的大脑里，一遍一遍地回忆它们，并为它们付出努力；其次你要把你的想法列入计划，提高对它的重视程度；最重要的是你要有坚定的立场和切实的行动，没有行动，再好的假设也只是空谈。

李·雷蒙德，这个继洛克菲勒之后最成功的石油公司总裁，被人称为是工业史上绝顶聪明的CEO之一。因为没有人能够像他一样，令一家超级公司的股息连续21年不断攀升，并且成为世界上最赚钱的一台机器。这个聪明人的信条就是：在速度中抓住机遇。

在他的影响下，这一信条已经成为他所在公司秉持的理念之一，“追求高效”已经成为了埃克森·美孚石油公司企业文化的一个重要部分，美孚石油公司跃升为全球利润最高的公司，有着埃克森公司和美孚公司携手的因素，更重要的是因为它拥有一支高效运转的员工队伍。

李·雷蒙德的一位下属曾经这样解释这一理念：速度往往是能不能战胜对手的极为关键的一点，因此，无论做什么事，只能高速度高质量地完成，才能处于不败之地。然而，无论我们是否在高效率地完成我们的任务，我们的工作都必须由我们自己去完成。通过暂时逃避现实，从暂时的遗忘中获得片刻的轻松，这并不是根本的解决之道。要知道，因为效率低下或者其他因素而导致工作业绩下滑的员工，就是公司裁员的必然对象。无论是谁，都可能会成为由于没有高效率地完成工作，进而给公司带来损失的人。如此一来，我们就可能在一个庞大的公司里，创造出“每一个员工都高效利用时间，快速完成工作”的奇迹。“现在就做，决不拖延”，于是，速度创造效率。

生命是短暂而有限的，在有限而短暂的生命过程中，我们的追求却是无止境的，改变不了生命的长短，那就尽量高效地利用它吧。社会的进步需要我们每个人的共同推进，社会分工没有什么高低贵贱之分，我们在为别人的美好生活做着各种努力，别人也在为我们能安心工作而工作着。

社会是个奇怪而神秘的集体，在这个集体中，我们每个人扮演着不同的角色，最终的目的是要完成社会发展这个大角色。所以，在生命过程中，多为自己的社会角色争取时间，同时也为别人的社会角色成就前提，共同来成就社会发展这个大角色。

苏格兰散文及历史学家汤玛士喀莱尔曾写道：**“我们该做的不是看着远在天边的东西，而是做已经在手上的事。”**

英国科学家贝弗里奇说得好：“疲劳过度的人是在追逐死亡。”疲劳，是一种信号，它提醒你，你的肌体已经超过正常负荷，出现疲劳感就应该进行调整和休息，做到劳逸结合，张弛有度。如果长期处于疲劳状态，不仅降低工作效率，而且会诱发疾病。

人体就像“弹簧”，劳累就是“外力”。当劳累超过极限或持续时间过长时，身体这个弹簧就会产生永久形变，导致老化、衰竭、死亡，所以每个人都要小心地保持它的弹性，不要超过它的弹性限度。因此，适当的休息和减压是保持“弹力”的良方。

忙碌并不是什么好事情，也不是忙碌才能带来成功。我们应该选择一条健康地可持续发展的道路通向成功。提高效率，势在必行，通向成功的道路，我们可以从从容容地走下去。

第六章　拥有忠诚之心——比能力更重要的是忠诚

1 什么才是真正的忠诚

忠诚不是公司强加给员工的，是员工自己必须要具备的一种职业道德。也就是说，作为一名职场员工，应该具有一种对公司，对工作无限忠诚的精神。因为对于一家公司来说，忠诚能够提升竞争力，增加凝聚力。

那么，什么才是真正的忠诚呢？忠诚是一名员工的基本品德和职业道德。富兰克林曾经说过：**“如果说，生命力使人们前途光明，团体使人们宽容，脚踏实地使人们现实，那么深厚的忠诚感就会使人生正直而富有意义。”**

如果你在职场上能够将对领导个人的忠诚，升级为对公司的忠诚，那你的地位就会更加稳固了。然而，想要做到对公司的忠诚，并不是一件容易的事情。在日本，很多员工一生都会在一家公司工作，可在中国，大多数公司的员工很难在那里待上三年。这其中的原因有许多，但最根本的原因就是中国的许多员工缺乏忠诚意识。许多外企负责人都一致感叹：“中国员工缺乏最基本的忠诚度！”正是因为这样，你更应该在职场中培养自己的忠诚意识，让自己成为一名忠诚于公司的员工。

一个对公司忠诚的员工一般会表现在三个方面：一是认同公司的价值观和发展方向；二是积极为公司出谋划策；三是当公司面临困境之时能不离不弃。当然，这一切的基础是需要你有一个优秀的工作态度。但一定要清楚，这里所讲的忠诚不是盲从。那些坚持正确意见，并为公司带来利润的员工，才是对公司的忠诚。

在美国惠普公司，有一位叫查理的工程师。他所在部门的工作是研发一种新的显示器。查理和同事们一起拼命工作，但项目进展不大。突然有一天，他们接到公司通知，领导让他们放弃这个研发计划。

同事们收到这个通知，都停下了手里的研发项目。但是，查理并没有按公司的通知，他不但没有放弃研发，反而加快了进程。他熬夜做好模型。去夏威夷度假时，他向那里的游客展示自己的模型，征求他们的意见。结果出乎查理的意料，许多人对他的模型非常感兴趣，都纷纷询问这种产品何时上市。大家的积极回应更坚定了查理继续研发下去的决心。

不久，公司总经理知道查理依然没有放弃这个项目后，亲自下令让他停掉这项研发。但查理依然没有听。他又熬了几个通宵，将产品设计好。然后，他走进总经理办公室，想方设法说服总经理将这种显示器投入生产。结果，总经理被他的执著打动了。这种产品投入市场后，销售直线上升，为公司赚取了8000万美元的利润。

在年底召开的员工大会上，总经理亲自为查理颁发了一枚奖章，对他的执著精神表示鼓励和奖赏。

可见，真正的忠诚不是对领导的忠诚，是对公司的忠诚。只有对公司忠诚的人才会将公司的事情当成自己的事情，才会对自己负责，对公司负责。

在南方某个边境小镇上，曾经发生过一件这样的事。

在一家铁匠铺里有两个工人。有一天那个叫李大的铁匠对另一个铁匠王五说：“如果你能将你手里的铁锤借给我用的话，我能做出最好的铁器出来。”王五白了他一眼说：“你的铁锤和我的是一样的，为什么借我的？”

李大说：“我的铁锤落在家里了，所以不能把我的本领展示出来。”王五将自己的铁锤借给了李大：“我们天天在一起干活儿，你能比我强得了多少？给你，你用吧！”

李大抡起铁锤，埋头工作了很久，打出了一把斧头，果然锋利无比。他把这个斧头拿给镇上杂货店的老板，老板连连称赞说这是一把很难见到的好斧头。一时间，许多人纷纷来这家铁匠铺订制李大做的斧头。

这件事被一个包工头听说了，他也找上门来，拿着李大原来做好的斧头对他说："我不在乎钱，只要你能给我做出一把比你现在做的斧头还要更锋利的好东西来，至于价钱，由你来定，你要多少钱都可以！"

李大头也不抬地说："做不到！我每把斧头都是最锋利的，我从来没有在意过主顾是谁！"

从故事中可以看出，李大是一名优秀的员工。他从来不会看主顾是谁，都会尽自己全力做出最好的东西出来。在工作中，我们也要有一点李大的精神，要一门心思扑在自己的工作上，不要在意领导怎么看自己，更不要在意别人的看法。只要能为公司带来价值，你就是优秀的员工。

可见，忠诚的最高境界是由对某家公司的忠诚上升为对某种职业的忠诚，是一种高度的责任感和敬业精神。忠诚是对自己职业的无限尊敬，能够为自己的职业而奋斗不息。当你怀有这样的忠诚之心时，你会毫无怨言地去付出。当你真正的付出后，你会收获到来自心底的快乐。因此，要在工作中认真踏实地做好每一件小事，不为自己留有遗憾。但是，不要昧着自己的良心去做事。自己认为该做的，要坚持到底将它做好；自己认为不该做的，不管别人说什么也不要做。

因此，要忠诚于自己的职业。忠诚能够帮助你所在公司的管理成功，还能给自己带来成就感与安全感。忠诚的员工，不必担心自己会失业；忠诚的员工，会因为自己的业绩而受到嘉奖。正是这样，我们才要学会做一个真正忠诚的员工。

2 要对老板怀有忠诚之心

黄金是珍贵的，但它仍有自己的价格；但忠诚却是无价的，它千金难买。

对于一名职场上的人来讲，忠诚是他最宝贵的财富。然而，许多现代的职场中人却并不这么想。这些人认为，自己在公司工作，干一天活拿一天钱，自己凭什么对它忠诚！这样的人大多工作不努力，看不起自己的职业，对领导更是不屑一顾。最终，他们会一事无成，只会对着墙壁空发牢骚。

其实，身在职场，自己的命运就与公司的命运连在了一起。员工与公司之间是一荣俱荣，一损俱损的关系。公司需要员工来创造利润，员工需要公司来实现自我价值。因此，一名优秀的员工，首先是一名对自己公司忠诚的员工。作为公司的创建者和拥有者——老板，他比任何人都更热爱公司，更忠诚于公司。因此，你如果忠诚于公司的话，也就是忠诚于你的老板。拥有忠诚，是一个人最为宝贵的品质，如果你是一个忠诚的人，别人也会喜欢与你接近。在职场上，所有的老板或上司都喜欢有忠诚的部属为其所用。事实上，任何人均不能容忍或原谅别人对其不忠诚，尤以老板为甚。老板最需要对他忠心耿耿的下属。

古今无数的事实表明，那些不忠诚的人往往会造成莫大的危害，与其共事，无异于养虎贻患。试想一个老板或上司怎会对此类怀着狼子野心的下属有好印象，愿意重用他呢？因此，不管你的才能有多大，学识有多高，都要有忠诚的品格，这是做人的前提。

如果你在职场上对老板不忠诚，对企业不忠诚，那你将很难获得其重用与提拔。许多管理者在挑选下属时，宁可要那些具有诚实、讲信誉品格的人，也不会要那些聪明能干却跳槽很多次的人。虽然这并不说明老板只挑选可以控制在手中的人，但至少可以说明他们所欣赏和所喜爱的员工，都是对企业忠诚的。

一个对自己的老板不忠诚的员工，很难得到别的老板欣赏。当你卖弄本事，表示自己有办法，偷偷把自己公司的消息告诉别人时，即使对方得到了好处，也不会因此而尊重你、喜欢你。相反，别人会因此而鄙视你，因为你是一个随时可以背叛的人。

也许，你的能力有限；也许，你处世不够圆滑，你可以有些诸如丢三落四的小毛病，但你绝对不可以不忠诚。忠诚是老板对员工的第一要求。

不要试图耍小聪明和搞小动作，你的老板能有今天的位置说明他绝非等闲之辈，你不管智商如何高明，手段如何高超，在老板面前耍手段也是不对的，如果被他们发觉，你将很难在他们手下继续做下去。

最低级的背叛忠诚的人，往往是从贪图小利，贪图小便宜开始的。任何一家正规、资深的公司，再严密的制度，总会有漏洞。如果你是一个忠诚的人，不能趁此悄悄挂个私人长途；或趁老板不在意时，悄悄塞上一张因私打的票，让其签字报销；上班时，明明是迟到，却在签到卡上填写“因公外出”。

更有甚者，会在拜访客户时，悄悄地接受客户的礼物，而他接受礼物的条件，是以牺牲公司的利益为代价的。任何一家企业的老板，都讨厌贪图小便宜的人，他们会把这一类人看作是品质有问题的人。一旦老板对你有了这种印象的时候，就会失去对你的信任。

许多老板一般会把下属当成自己的人，希望下属能够忠诚地与自己一起工作，能够拥护自己，听从自己的指挥。如果下属不与自己一条心，背叛自己，另攀高枝，“身在曹营心在汉”，存有二心等，是老板最反感的事。如果你拥有忠诚，就能够得到老板的赏识和喜爱。

你可以通过多种方式显示自己的忠诚，让老板感觉到你是一个可以信任的员工，这对你的职业发展，将大有益处。

雷姆赛，美国一家著名公司的国际市场副总裁的一位助理，接到了一项紧急任务：根据老板的笔记，准备好业务进展曲线图表。起草图表时，他注意到老板写道：“美元坚挺，则出口就会增加。”雷姆赛明白，事实恰恰相反。于是，便通报老板，告知已经纠正了这一错误。老板感谢雷姆赛及时发觉了他的疏忽。当第二天向上呈报未出丝毫纰漏后，老板对雷姆赛做出的努力再次道谢。

可见，许多老板还是公正的。只有你忠诚于老板，忠诚于企业的时候，你才能够和企业得到双赢。

有家公司对一家对手公司业务的红火感到忧心，但想不出压制对手的良策。终于,对策有了!他们想方设法寻找关系,接近对手公司的一名仓库主管,让其暗中出卖商业机密。这个主管在利益的驱使下,利令智昏,把自己公司的库存数量、货品结构、价格策略一一泄露。几经交手,商界风向大变,原先生意红火的公司,节节败退,最后元气大伤而倒闭。另一家快要倒闭的公司,却起死回生,反败为胜。覆巢之下安有完卵?这名主管最后也落得身败名裂的下场。

这种隐性的不忠诚,有可能成为办公室的一颗定时炸弹。任何一个忠诚的人,都不会选择这样的方式。因此,我们在做任何工作的时候,都要站在公司的立场去考虑。

忠诚老板,就是忠诚自己的事业,就是有极强的责任心的表现。在职场上,一个忠诚的人十分难得,一个既忠诚又有能力的人更是难求。毕竟,一项事业中,需要决策的大事很少,需要具体操作的事情很多。因此,要学会做一个忠诚的员工,忠诚带给你的收获,会远远超出你的想象。

3 忠诚是职场的核心竞争力

在大多数人看来,忠诚是一种高尚的品德。实际上,忠诚不仅仅是一种品德,更是一个人能够在职场长期发展的核心竞争力。

现代职场,竞争压力越来越大。人与人之间的竞争,已经从过去技术上的竞争转向了能力和品德的竞争。对于一家公司的老板来讲,他们眼中最重要的就是能够对公司忠诚的人,因为忠诚的人会让他们无后顾之忧。这与以往不同,以往的公司在用人时,往往看重求职者的学历、关系、工作经验等。现在,品德才是最被看中的。

现在许多公司在招聘的时候,不管是世界级大企业,还是中国的国企,乃至民营企业,他们在聘用人才的时候,已经将忠诚列在了最显著的位置。在评价一个人的时候,这些企业也常常会用各种各样的办法测试这个人的忠诚度。如果你给他们的感觉不够忠诚,那你拥有多高的学历他们也不会用你。要知道,越是有本领的人,如果缺乏忠诚,那公司就越不敢用你。因为你一旦背叛,那公司将承受难以估量的损失。忠诚,已经成为了判断一个人的最重要的标准之一,也是职场人士得以胜出的核心竞争力。

如果你渴望在现在的工作上做出成绩,那你第一项工作就是让公司看到你的忠诚,不然你很有可能面临被淘汰的危险。

可是,如今的职场上有许多人总是对“忠诚”二字不屑一顾。他们认为忠诚只不过是个华丽的装饰罢了,它不能给自己带来一分利润,何必太在意是否忠诚呢!这样的想法是错误的,事实上,能够做到忠诚的人,大多是聪明踏实,品德高尚的人。而这一点,也是企业最看中的。这也是为什么将“忠诚”视作核心竞争力的原因。

如果你是一个忠诚的人,那你不必担忧老板会不赏识你。那些将忠诚视作愚蠢,没有一丝忠诚感的人,才是老板最讨厌的。作为一名职场中人,应该在日常工作中,一点一滴地培养自己的忠诚度。只有忠诚,才能增加公司的凝聚力和战斗力。一旦失去了忠诚,公司就会被激烈的竞争所淘汰。覆巢之下,岂有完卵?公司一旦被淘汰,你在这家公司的命运可想而知!

因此,想要在一家公司长期发展下去,忠诚必不可少。忠诚的员工通常是踏实的员工,他们能够在公司里努力工作,将为公司做出业绩视作自己的责任,而不会好高骛远,更不会心浮气躁。他们会通过为公司创造价值来体现自己的个人价值,以谋求更广阔的发展空间,以此来实现自己的理想。

在加拿大有一家名为“苏克斯”的酒吧。老板汤姆斯是一个地道的犹太人。苏克斯酒吧面积只有20多平方米,可这里的服务却热情周到。但真正让这家酒吧声誉鹊起的是因为一件小事。

有一天,美国前国务卿基辛格出外加拿大。作为犹太人的后裔，基辛格一直想找机会见识一下犹太人的做事风格。这次正好去苏克斯酒吧消遣一回，借此好好领略一下犹太民风。于是，基辛格没有叫助理，而是亲自打电话给酒吧老板汤姆斯。告诉他说自己想要去酒吧，同行者十几个人。希望酒吧能够专门接待他们，拒绝其他顾客。

像基辛格这样的政坛名人光顾如此一个不知名的小酒吧，按理说酒吧老板应该是兴奋不已。出人意料的是，汤姆斯非常平静地说："对不起，先生。您能来本店，是我的荣幸。但我不会因为您的到来而拒绝其他客人。因为这里的客人都是老主顾，我作为一名酒吧老板，要忠诚于我的客户！"基辛格只好遗憾地挂掉电话。

汤姆斯的这番话被酒吧里喝酒的人听到了。他们将这个故事作为美谈，传遍了千家万户。后来，小小的苏克斯酒吧声誉鹊起，吸引了众多的社会名流的光顾，这些人喜欢光顾这里的唯一原因是：因为这家酒吧的老板对顾客忠诚！

可见，忠诚是一股无形的力量，能够在不经意间迸发出惊人的力量。有人说忠诚是一成都不变，有人说忠诚是封建思想，有人说忠诚毫无价值。但如果你是一个忠诚的人，你会发现这些说法是多么可笑。

忠诚是一家公司稳定发展的保证，是一个人在职场上的核心竞争力，只有稳定的公司才能更好地发展，只有忠诚的人才会获得更多的成长机会。如果你想要既得到老板的重用又获得更多的发展机会，不妨做一个忠诚的员工。当你对公司充满无限忠诚的时候，老板就会将最重要的事情交由你去做。而你，也就在这家公司有了自己的一席之地。

世上的许多事情道理上都是相通的。一个家庭中，只有夫妻双方忠诚，家庭才能和睦；一家公司，只有员工满怀忠诚，企业才能发展。忠诚于你的公司，实际上就是忠诚于自己。忠诚不但有利于自己的职业发展，而且还会让自己成为最终的受益者。而那些不忠诚于自己企业的人，会在职场上毫无竞争力，也会让老板失去对他们的信任。

因此，身在职场一定要懂得：忠诚是你最核心的竞争力。

4 忠诚的人会在“吃亏”中受益

在职场上，许多人会把那些忠诚的人当作傻子。在这些人看来，那些对公司忠诚的人，大多是默默无闻，只会干苦活儿累活儿的人，这样的人费半天劲，什么也得不到。其实，这种思维是狭隘的，他们永远不会知道，忠诚的人，看似在吃亏，其实是在锻炼自己，磨炼自己，他们永远是“吃亏”中的受益者。

对公司怀有一颗忠诚之心的员工，他们在工作的过程中，肯定会一丝不苟，绝不会偷懒耍滑，在他们眼里，认真负责的工作比什么都重要。也正是这种意识，会让他们主动去干那些别人不愿意干的工作。他们很容易将这些工作干好，得到老板的赏识并得到职位上的提升和薪水上的增长。当然，忠诚的人绝对不会因自己的工资待遇而计较，也不会因在老板面前争宠而费尽心机。正是如此，这些看似很笨的行为，时常会在不经意间为自己加分，让自己受益。

那些对公司不忠诚的人，即使看似占了很大便宜，最终也会一无所获。

天华和易通两家公司是竞争对手。易通公司由于经营得当，生意非常好。而天华公司由于种种原因，公司的业务一直不是太顺利。这便让天华公司大为恼火。他们思来想去，总也找不到对付易通公司的办法。后来，天华公司想到了一个绝妙的办法。他们通过各种手段，接触到了易通公司一名仓库管理员。并通过非法贿赂，让他出卖易通公司的商业机密。这个仓库管理人员在利益面前动摇了，它将易通公司的所有机密都偷偷泄露给了天华公司。掌握了对方机密的天华公司终于心里有底了。他们通过几次交手，将易通公司打得节节败退，最后，易通公司损失了几个大客户，终于导致资金链破裂而宣布倒闭。天华公司的业务量一下子突飞猛进，发展非常迅速。易通公司倒闭了，那名仓库管理员自然也失去了工作。他不但没有着急，反而心中窃喜。他知道，自己作为天华公司的"第一功臣"，肯定能得到重用。当他来到天华公司时，却被对方告知：像你这样对公司不忠诚的人，我们是不会接收你的！这名仓库管理员顷刻间懊悔不已，他气愤地离开天华公司，去寻找新的工作。可是，不知谁将易通公司倒闭的原因传了出来，大家都知道原因后，纷纷指责这名仓库管理员，没有一家公司愿意聘用他。最后，他由于找不到合适的工作，只得流落街头。

可见，对自己公司不忠诚的人，不管何时何地，都不会有好的下场。因此，不要试图欺骗自己的公司，更不能用公司的前途为自己换取利益。对于一个不惜出卖自己公司利益并从中获利的人，没有地方愿意容纳他。因为这样的人首先已经失去了自己最起码的职业道德，其次也是不值得信任的。

对公司缺乏忠诚，最终害的是自己。而那些对公司忠诚的员工，不管走到哪里都会受到欢迎和器重。这样的人，即使在工作中吃了点儿小亏，最终也会占到大便宜。

网德公司是一家销售电子产品的企业。由于老板的几个决策失误，公司面临破产。这个时候，许多员工都失去了工作热情，整天在公司混日子。只有李强是个例外。当大多数同事聊天，玩游戏的时候，李强仍然埋头工作。此时，大家都会笑话他："小李，你真笨，公司都这样了，还干什么啊干，一起玩儿会游戏吧！"李强抬头看看他们，笑着说："只要我在这待一天，就会在这好好干一天。我相信，只要大家一起努力，公司肯定会好起来的。"之后的日子，同事们仍整天在公司混着日子，就等着领完这个月的工资赶紧辞职走人。而李强呢，正在加紧研发一种新的电子玩具。他不管别人怎么说，只是一门心思地投入到研发工作中去。终于，他的产品研发成功了。公司通过这个产品，赚了 300 多万。老板因为感激李强，将他提升为研发总监，将之前那些玩游戏的员工全部开除了。

故事中的李强看似吃了大亏，实际上却捡了个大便宜。由一名普通的研发人员一跃而成为公司的研发总监。可见，一个忠诚的员工，即使在某些小事上吃了点小亏，也会在日后的工作中为自己赢来大的机遇。

忠诚的员工往往会利用自己的职业精神而让公司转危为安；不忠诚的人常常会因为品行的不端而让自己陷入尴尬的境地。因此，如果你是一个忠诚的员工，即使你没有得到某些利益，你的人格和品德也会留在老板的心中。当机遇到来的时候，你的成功会因为你的忠诚而指日可待。

5 严格遵守公司的规章制度

既然你在一家公司工作，就要学公遵守公司的规章制度，这也是考验一个员工忠诚度的重要指标之一。

诚然，有些公司的规章制度繁琐复杂，但你既然决定在这里工作了，就是这家公司中的一员，就要遵守这里的规章制度。有些人天生喜欢自由，他们生性散漫，不习惯被任何制度束缚。这些人还为自己找理由说："在现代社会，我们这些打工的人都是公司的主人，不是公司的奴隶。只有奴隶才会墨守那些教条似的制度。"正是如此，这些人从来都是我行我素，一点不把公司的制度放在眼里。实际上，这是一种思想上的误解。这些人不知道公司的制度是统一化管理的标准，而不是束缚谁的工具。那些不遵守公司制度的人，往往会自己害了自己。

王林在一家外资公司工作。这家公司有一条规定：上班时间不许上网聊天，收发私人邮件。对此，王林很是不以为然。他有许多朋友和网友，一天不联络便感到浑身不自在。因此，从进公司的那一天起，他就没有真正遵守过这条规定。他想："这是什么破规定，整天拿人当驴使，还不让我聊聊天，这也太不人性化了。管你规定不规定呢，我该聊天还是照聊不误。"当然，王林自有他掩人耳目的办法，他总是会同时打开好几个窗口，一个是公司的工作窗口，一个是聊天的窗口，只要有人从他身边经过，他就立刻打开工作的窗口，装出一副忙碌工作的样子。等旁边没人的时候，他总是聊得不亦乐乎。

有一天，王林在网上聊天的时候中了病毒，导致公司的好几台电脑发生了故障。后来虽然网络管理员修好了故障，但许多重要的文件却丢失了。公司老板大为气愤，让网络管理员查明病毒的来源。结果一查，就查到了王林这儿。第二天，公司就因为王林违反公司规定而将他解雇了！失业后的王林异常悔恨。因为这是一家待遇不菲的外资企业，一旦离开了这里，再找一家这样的企业可太难了。

故事中的王林生活在职场的任何一个地方，许多家公司都有这样的员工。王林的教训也应该引起职场人士的思考。你在公司工作一天，就要遵守这里的每一项规章制度，这是一种职业道德，也是一种对公司的忠诚。一项制度既然制订出来了，大家都应该遵守。即使是最高的领导，他拥有制订制度的权力，但他没有不去遵守的权利。

或许，你不去遵守公司的规章制度，是觉得它并不够健全，或者有一些条款已不符合公司的基本情况了。但是，你要明白，公司制订的任何一种制度都只是一种约束员工的手段，并不是一种目的，制度本身没有任何目的。况且，没有完美的制度，你可以给公司意见、建议，但不能恶意违反公司的制度。

俗话说："没有规矩，不成方圆。"规矩和规范无处不在，大到一个国家，小到一个公司，都会有他不同类型的规章制度。对于任何一个职场中的人来说，遵守公司制度是职业精神的一种体现。

著名的联想集团自从成立的那天起，就为员工立下了四项基本原则，即"不能利用工作之便为自己牟取私利"；"不准接受客户的红包"；"不准做除工作之外的第二职业"；"公司任何人的薪资都要严格保密"。如果有人违反了这四条中的任何一条，公司都会毫不留情地将他解雇。在联想的每一名员工,都会时时牢记这些规章制度,不敢违背。正是这样,联想才一步步发展并壮大起来。

中国家电的领军企业海尔集团也有着严格的公司制度。他们的制度严格到生活中的小事,例如:不准在工作的时候闲聊,不准在上班期间织毛衣等。这些看似琐碎的细节,正是海尔文化的集中体现。在海尔集团,一切工作都有制度可依,凭借着这些制度,海尔集团高速发展,成为了世界品牌。

著名的跨国企业 IBM 也是拥有严格的规章制度。任何一个进入 IBM 的员工都必须要遵守这些制度。

在 IBM 的制度中,有这样一项规定:任何一个员工,进入公司厂区,都必须戴蓝色的工牌;进入行政区,必须戴粉色的工牌。

有一次,老板沃森带着客人去参观厂区,结果由于来得匆忙,忘了带蓝色的工牌了。当沃森带着客人刚要进去的时候。门口的警卫将他们拦住了:“对不起,先生,你们不能进去,你们没有戴着蓝色的工牌。”沃森的助理听了这话,对着那名警卫大吼道:“你怎么连他也敢拦!知道他是谁吗?”警卫回答:“知道,他就是我们的大老板沃森先生!但是,IBM 有这样的规定,不管任何人都不能违反。”沃森笑着对警卫点了点头:“你说得对,实在对不起,这是我的疏忽。”然后又对助手说:“你赶紧去将工牌换成蓝色的,现在就去。”等助手拿来蓝色的工牌,大家都佩带好以后,警卫才放沃森一行人进去。

IBM 之所以能成为世界 500 强的企业,这与他们严格的制度是密不可分的。因此,作为一名职场上的员工,你应该学会遵守公司的制度,用制度规范自己的行为。只有做到这些,你才是一名合格的职场人!

6 为你的公司保守秘密

能够为你的公司保守秘密，是一个员工最基本的行为准则，也是对公司的一种忠诚。

许多工作时间长一些的老员工都知道职场上的一条不是规则的规则：该你知道的，绝对有人会告诉你；不该你知道的，千万不要去探听；已经知道的秘密，将它烂在肚子里，不要到处去宣传。

日本的索尼公司是一家优秀的企业，任何一个去索尼公司应聘的人首先听到的第一句话就是："如果您想来索尼公司上班，请你保守秘密，付出忠诚！"因为，索尼公司的理念是：忠诚的人就是能为公司保守秘密的人。如果不能为公司保守秘密，就是对公司的一种不忠诚的表现。这样的人，即使再有才能，也不会录用他。

现代社会的竞争压力日益加大，任何一家公司都面临着各种各样的危机与挑战。作为公司中的一名员工，只有能为公司保守住秘密，才是值得依赖的员工。这样公司才会录用他，对于那些不讲信誉，随便将公司秘密告之于人的员工，走到哪里也不会受到欢迎的。

叶东是一家软件公司的技术经理。他为人谦虚，技术精湛，做事又有魄力，深受老板的赏识。公司的管理层对叶东也是赞誉有加，都认为自己公司里的这名技术经理是百里挑一的人才。

有一天，在一次朋友的聚会上。一位朋友对叶东悄声说："老弟，我请你帮我个忙。"

叶东笑着说："老哥，如果是技术问题，包在我身上。"

这位朋友神秘地一笑，没有说话。然后，一直给叶东敬酒，几杯酒下肚，叶东就喝得有点晕了。这位朋友小声对叶东说："兄弟，你的技术水平哥哥我是知道的，你的名声在我们公司也非常大。我们老板非常赏识你……"

“大哥，有什么事就直接说，跟兄弟我客气啥呢？只要我能做到的，保证帮你！”叶东红着脸说。

这位朋友说：“是这样，我们公司和你们公司在谈一个上千万的大项目的合作，我希望你能将你们公司这个项目相关的技术资料给我一份。这样我们一来心中有个底，二来能在谈判的时候占据主动。”

“这，这恐怕不太好吧。我如果告诉你，就是在泄露公司的秘密啊！”叶东有些犹豫地说。

这位朋友笑了一下，说：“兄弟，我这是求你办事，不是让你帮忙。我不会亏待你的。如果这你能帮我做好这件事的话，我们老板批了50万给你作为酬谢。再说了，我们又不用你的技术资料干违法的事情。这件事情只有我们两个知道，我这边你放心，我绝对不会出卖自己的朋友。”

说完，这位朋友将一张50万的支票塞给叶东。叶东看着这张支票，心有些痒痒了。他想：“我在这家公司虽说待遇不菲，但50万我可是两年不吃不喝都挣不到啊！干脆，就这一次，下不为例！”于是，叶东点了点头。

后来，两家公司在谈判的过程中，由于叶东将资料泄密给了对方。对方公司对叶东公司的底牌一清二楚。在谈判中占据了上风。这次谈判过后，叶东的公司损失至少有200万。公司的领导责令一定要查明问题到底出在了哪儿。查来查去，查到了叶东头上。老板一怒之下，解雇了叶东。叶东一下子由人人羡慕的技术精英沦为了人人喊打的过街老鼠。就连收的那50万元也被公司追回用于弥补损失了。这下，叶东可真是“赔了夫人又折兵”，叫苦不迭。

故事中的叶东令人叹息，他真是偷鸡不成反蚀把米，本来妄想出卖公司秘密赚取个人利益。没想到工作也丢了，钱也没落着。泄露公司秘密的人是对公司的一种背叛，是任何一家公司都不能容忍的。

对于一家公司来说,他们列为机密的东西就是这家公司赖以生存的根本。作为公司的员工,绝对不能因为一点点利润而出卖了公司。古往今来,任何一个出卖别人的人,出卖组织的人都没有好下场。

在如今的职场上,不为公司保守秘密的员工也不会受到其他公司的欢迎。如果你出卖了公司的机密,极有可能面临坐牢的危险。因此,不管是从自身安全来讲,还是从职业道德来讲,都要做一个能保守秘密的员工为好。

诚然,职场上充斥着各种各样的诱惑,如果你在诱惑面前败下阵来,以公司的机密来换取自己一时的贪图,那你真是害人害己。

因此,任何一个职场中人,都要忠诚于自己的公司,做一个能为公司保守秘密的人。不管你处在什么样的职位,都有责任,有义务为公司保守秘密。能够为公司保守秘密,是对公司忠诚的基础条件,也是你在职场一帆风顺的通行证。

7　养成节俭的工作习惯

俗话说:勤以修身,俭以养德! 身在职场,我们要养成节俭的工作习惯,爱惜公司财物,以俭为本,以俭为荣。同时,懂得节俭,还能克制自己的欲望,让自己在公司的地位长久而稳固。

在公司工作,不能借用职务之便,将公司的物品据为己有,更不能肆意浪费公司的办公用品,哪怕是一张纸,一支笔,都不能随意浪费。这些细节看似无关紧要,却能反应出一个人的职业操守。

一位女孩到一家大公司应聘。当她走进办公室时,看到地上有一枚别针,出于习惯,女孩弯腰捡起别针并把它交给了秘书小姐。结果,在众多的应聘者中,这位女孩战胜了其他条件比她更优秀的人,成了这家公司的一名销售人员。公司老板在给她分配工作任务时说:“其实,门角的那一枚别针是我们故意放的,那是对所有应聘者的一个考验,但只有你通过了。只有懂得珍惜公司最细微财物的员工,才能给公司创造财富。”

这位女孩后来在工作中一贯保持着节俭的作风,并且努力工作,果然为公司创造了不菲的经济效益。

故事中的女孩由于自己的节俭而获得了宝贵的工作机会。但是,职场中有许多人并不像这位女孩那样爱惜公司的财物。他们总会说:“公司的东西又不是自己的,不用白不用,浪费些也是老板掏钱,跟我有什么关系!”这样的人会对公司财物的浪费熟视无睹。他们认为浪费点东西不算什么,反正老板也看不见。因此,他们在工作的过程中大手大脚,能浪费绝不节俭。实际上,即使真的没有人看见,也会让他们自己为人处世的道德消失殆尽。这样的员工,从小里说是缺乏爱心,从大里说是缺少职业道德。

有两个年轻人同时进入一家公司。其中的一个年轻人发现自己的办公桌下有一叠信封,便对另一个年轻人说:“拿一些回家以后备用吧。”于是他拿了,而另一个没拿。这一切都落在了正准备进门的老板眼中。试用期满后,私自拿走信封的年轻人被辞退了,而没拿的那一位则留了下来,成为了公司的正式员工。

因此,在自己的职业生涯中,要学会爱惜公司财物,懂得节俭。只有懂得节俭的人,才能得到老板的器重。

当你在自己的工作中,懂得为老板节省公司财物,这在老板看来就是一种忠诚,一种对公司的贡献。只要你拥有节俭的美德,就会在其他方面严格要求自己。时间长了,老板自然会认可并信任你。

由于现代竞争压力的加大,许多公司的利润都非常微薄,这便更需要节俭,以此来降低工作成本。节俭能为公司节约不少资源。成本降低了,利润自然就会增加,这是相辅相成的。“节约出来的都是利润。”这句话已经被越来越多的公司认可,美国著名的 IT 企业思科公司,年营业额近 200 亿美元,可以说是非常有钱的企业。但他们的节俭却到了令人感到

“抠门”的地步。在思科，节俭无处不在。比如：在出差乘坐飞机时，要坐公司指定的航班，为的是节省一两百美元；开会选会议室时，一定要选便宜的酒店。正是这些锱铢必较的“抠门”，为思科每年节约大概19.4亿美元的开支。

可见，节俭能为公司降低成本，增加利润，那些能在日常工作中为公司节约资源的人，注定会得到公司的认可，继而走向成功。

在美国一家石油公司里，有这样一位年轻人，他工作认真，为人谦和，多么小的工作都乐于接受，并做得津津有味。

在这家公司里，这位年轻人所做的工作非常简单，就是巡视并确认石油罐的盖子有没有焊接严密。

石油罐通过输送带移动到旋转台的过程中每旋转一次，焊接剂滴落39滴后，就算结束焊接工作。这样的工序每天在这位年轻人面前重复几百次，这样枯燥的工作并没让年轻人丧失锐气，他依然津津有味地看着每天的旋转和焊接。在这看似没有意思的工作中，年轻人开始思考了：如果能够在焊接的时候，减少一两滴，一来能提高焊接速度，二来能节约焊接剂的用量。

可是，想要节省焊接剂，可不是件容易的事。年轻人陷入了苦苦思索中。每天工作结束后，他都在家里研究到半夜，反复尝试着不同的方法。终于，他研制出一种用37滴焊接剂就能将罐子焊接好的新方法。当他将这种新方法投入到生产中时，发现油罐会偶尔漏油。于是，年轻人又继续研究，最终研制出了一种38滴型的焊接剂。这样，每焊接一个罐子，会为公司节约一滴焊接剂。这种新型的焊接剂投入到工作中时，效果非常好。公司领导对年轻人这一创举非常满意。接下来，公司开始批量使用这种焊接剂。这种38型的焊接机就靠着一滴油一滴油的节省，每年节约近5亿美元的焊接剂。

而这位年轻人，就是后来掌握美国石油业95%股份的石油大王——洛克菲勒。

可见，如果能为公司节约成本，就是为公司在增加利润。在职场工作，每一名个人都要有“节俭出来的就是利润”这一观念，并在这个观念的指导下，尽自己所能为公司节约资源。这样，就等于在无形中在为公司创造利润。

在当今社会，节约不仅仅是一种美德，更是一种提高自己竞争力的资本。能些懂得为公司节俭的人，都是忠诚于公司的人，都是推动公司发展的人，都是公司在市场竞争中能够脱颖而出的“功臣”。

8 用感恩的心面对工作

稳定的工作让你生活更稳定，家庭更幸福。因此，我们要对自己的公司抱有感恩的心，这也是对公司的一种感激，一种谢意，一种忠诚。

在现代社会，压力日益加大，许多人对周围的一切都表现的漠不关心。他们眼中，将名与利看得太重，认为有了名利就有了一切，为此而忽视了人与人之间的感情。忙忙碌碌的工作，让许多人疲于奔命，他们忘记感恩，也没有时间去感恩。其实，这是一种悲哀，我们应感谢自己的工作，感谢它给了我们忙碌的机会，感谢它让我们的生活质量变得更好。

拥有感恩的心能够改变我们的工作态度和人生态度。

在全国保险经理人的年度峰会上，一家保险公司的业务主任深情地说：“其实，拥有感恩之心并不难。任何一个对我们有帮助的客户，都是我们的衣食父母，我们都要对他们怀有感恩之心。同时，我们还要感谢公司给了我们这份工作，让我们能够实现自己的人生价值，对公司，我们也要抱着一颗感恩的心。”确实如此，当你将自己的工作当成一种恩赐的话，就会在工作中寻找到激情与动力。

当你能够意识到自己的工作机会是如此宝贵时，你就会对任何工作都怀有强烈的感恩之情。你会更加努力，借此来回报公司，回报这个社会。这样一来，你会与周围的同事快乐共处，与所有的客户都关系和谐。

那些对工作心存感激的人，他们就会更加热爱自己的工作，热爱自己的生活。而对于那些讨厌工作，想逃离职场的人，工作对于他们会像是地狱一般痛苦和煎熬。

当我们离开学校，走向职场的时候，我们的生命中绝大多数时间都生活在职场上。因此，我们对待工作的态度不但决定着我们工作成绩的好坏，也会直接影响到我们生活质量的高低。

被誉为日本“经营之神”的松下幸之助就是一个对工作满怀感恩之心的人。他常教导自己的员工，要热爱工作，热爱公司，要时刻怀有一种感恩的心。只有拥有感恩文化的公司才是最有竞争力的公司。同样，只有充满感恩之心的员工才是最有竞争力的员工。因此，作为一名员工，要懂得如何感恩公司，感恩工作。

在工作中，每个人都难免会遇到不如意的事情，继而对公司心生不快。但是，毕竟你是这家公司的一员，毕竟这里给你带来发展的平台和维持生活的薪水。因此，你最好不要心存抱怨，不要抱怨公司，抱怨领导，更不能抱怨自己的工作。不停的抱怨下去，会让你失去工作的热情，被公司淘汰。与其抱怨工作，不如努力工作。当你通过自己的努力，真正有所成就的时候，你就会发现自己的处境较之以往有了很大的改变。

如果能够每天抱着一颗感恩之心去公司，你就会收获领导的赏识，同事的认可。此外，感恩的心态也是自己走向成功的基础，拥有感恩之心的员工，会在工作中多出成绩，少发牢骚。让自己全身心地投入到工作之中。很多时候，当你的梦想受到打击的时候，当你感到未来非常茫远的时候，你还拥有一种可以梦想成真的方式，那就是怀着感恩之心去一步一个脚印的工作。

英国前首相撒切尔夫人曾经说过：“一个人只有一步一个脚印才能达到事业的最顶端，这时，你忽然发现，那些你以前认为自己所不具有的各种才能和毅力都在你的掌握之内，你会对自己说：我要继续努力。”可见，对工作拥有感恩之心，不但是一种积极的心态，也是一种成功的智慧。只要对工作抱有感恩之心，你就会工作得更开心，更快乐。

老黄是一家公司的业务员，今年已经快50岁了。老黄在业内名声响亮，他曾连续10次获得销售前三名的骄人业绩。如今的他，早已经衣食无忧，但他每天仍拼命地在工作。

有人问他："你现在都这么成功了，为什么还要这么拼命啊？"老黄回答道："每当我想起自己刚参加工作时的那段艰辛，我就会充满斗志。因为我知道，我之所以有今天，靠的是自己的努力，更靠的是公司这个平台。只有公司发展得好了，我自己才能好。所以，我这么多年，不敢有一丝一毫的懈怠。现在的我，每天都抱着感恩的心态面对工作，面对自己的人生。"

还有人对老黄说："马上就奔五了的人了，何必这样拼命地工作呢，不如混个几年算了，毕竟现在做业务越来越难，越来越累。"

老黄严肃地说："年龄只是一个人来到这个世界上的时间长短，并不代表工作能力的高低。现在我虽然快50岁了，但我的激情和能力一点没有减少。我想趁着自己在公司的这几年，多为公司做点成绩出来，这样到退休的时候，心里才踏实。现在的我，与你们这些年轻人唯一的区别就是我脸上多几道皱纹，额角多几根白发而已。只要我还在这工作一天，我就会努力奋斗一天的。"

正是凭着这股拼搏，老黄业绩仍每年全公司第一，不断受到领导的嘉奖。

如果我们这些职场中的人都能像故事中的老黄一样，抱着一颗感恩之心去工作，我们也能在工作中寻求到享受的滋味。拥有一颗感恩之心，你会发现工作带给你的不仅仅是一个谋生的工具，更是一份沉甸甸的责任和一个实现自己梦想的机会。

第七章　提高执行效率——加强你的日常执行力

1 遇事不要拖延

生活中经常会看到一些人神色匆忙，被事情弄得手忙脚乱，经常跟人抱怨说："怎么办？时间不够，完不成了，这事太急了！"我们真的有那么多急事吗？事实上，所有的"急事"都是由于拖延而造成的后果。

你仔细回想一下，你现在所做的急事是不是你几天前或者一个星期前就应该做的事情？现在你知道了吧，从你小时候开始，你就有了这样的习惯。在家里时，等爸爸妈妈回来的前几分钟才慌慌张张地整理杂乱的房间；做作业时，总是拖到要交的前一个晚上才熬通宵来写；考作文时，总是拖到考试结束前的五分钟才胡乱地写上一个作文结尾；到了上班的时候，总是拖到快迟到的时候才走出家门，然后在路上飞奔；做项目时，总是拖到最后一刻再做修改。这样的事情很多很多，数不胜数。

其实这些事情都是你在之前有充足的时间去做的，只是被你一味地拖延，拖到最后时间快不允许了，才成为你不得不做的"急事"了。这样做所造成的后果是什么呢？那就是你浪费了宽裕的时间，却弄得你经常手忙脚乱，老是觉得时间不够。这些"急事"不但弄得你分外疲惫，而且，在那么紧迫的时间内，你所处理的事情的效果自然大打折扣。真是吃力不讨好呀。

在工作中或学习中，你是不是常常会遇到这样的事情：是否常常迟到？并且因此被你的老师、老板、情人责骂或抱怨？

如果你是个爱迟到的人，那么，告诉你一个绝佳的方法，让你告别迟到的尴尬，那就是把你的手表拨快 10 分钟。

惠普前财务总监路易斯在接受记者采访时曾回忆道：

"当我还是学生的时候，上课经常迟到，几乎每隔一天就要迟到一次，我的老师很头疼，为此说过我很多次，可我还是改不了这个毛病，这几乎成为我的习惯了。后来我工作了，做小职员，却还是有这个毛病，三天两头地迟到。在公司不像在学校，你的老板可没有你的老师那样的耐心。被老板炒鱿鱼之后，我意识到了问题的严重性，并且非常的苦恼。这时我的一位老朋友帮我出了一个主意，那就是把我的手表拨快10分钟。我觉得还不错，就听了他的话，把表拨快了10分钟 。事实上，从那以后，我就再也没有迟到过了。而且，我直到现在还保留着这个习惯。”说完，他得意洋洋地把手表给记者看，果然快了10分钟。

“其实，”他最后又总结道，“这个方法只是一个手段，关键是要在意识上培养自己的紧迫感，养成守时的习惯。不然，即使你把手表拨快10分钟，你还是会想我的手表快了，还有10分钟呢，这样你还是会迟到的。”

我们应该人人都能意识到迟到是一种很不好的习惯，如果你是个爱迟到的人，就一定要尽快改掉你的这个毛病。如果你的这个习惯已经根深蒂固了，那么你就要采取一定的方法了。把你的手表拨快10分钟就是一个很有效的方法，它让你每次都能留出10分钟的余地，避免你常常的“一分之差”。

短短的10分钟，给你的却是一个提前开始的机会，让你在别人还没有准备的时候就已经出发了，不知不觉中你就会成为工作面前最积极的那个人，从而为你赢得更多成功的机会。

我们常常看到这样的事情，一个庞大的工程，所有的设备以及人员都准备好了，却迟迟没有开工，让全部的人都等在那里，原因就是上层决策者们讨论来讨论去，迟迟都没有做出决定。这无疑是对时间的严重浪费。

所有人都能明白这样一个道理，事情只有被决定下来，才可以开始执行，才能产生效果。如果没有决定下来，那么它只能是一个计划，一个设想，一份文件而已。所以我们做事要当断则断，遇到事情要马上做出决定，应该做的就马上去做，不应该做的就马上放弃，把时间留给别的事情。那种犹犹豫豫，拖泥带水的个性只能让我们浪费时间和错过时机。快速地决定往往比快速地执行更有效果。

那么,我们怎样才能够做到当断则断、快速地做出决定呢?首先我们要明确什么是应该做的,什么是不应该做的。简单地来说,应该做的事就是符合我们的理想目标而且在我们的能力范围内的事。这就要求我们先明确我们的理想和目标,确定什么是对我们有意义的,什么是值得做的。然后就是要了解我们自身的能力,我们能不能做成这件事,做成这件事要花多少时间,花这么多时间去做它值不值得。如果这些你都心中有数了,那么,最后一点也是最重要的一点就是,要对自己有信心,要相信自己做出的决定,不要一有人提出异议就动摇自己的决定。

你决定好了吗?如果还没有的话就快点做出决定吧,不要浪费你的时间和大家的时间了。做一个当断则断的人,让你的时间用在刀刃上面,而不要花在摇摆不定当中。

因此,我们想要在职场上做出业绩来,就要克服拖延的毛病,让自己动起来,投入到紧张而忙碌的工作中。这样,我们才会在工作中有所收获,才会在职场上实现自己的人生价值。

2 心动不如行动

俗话说:“说一尺不如行一寸,心动不如行动。”

很多人总是想法很多,却没有落实到实际行动中。正如马云说的那样:“晚上睡觉千条路,早上起来路一条。”想法太多而从不行动的人,那再好的想法也没有任何意义。其实,人与人之间的差距,并不像想象中的那样大。在智力上,大家没有什么太大的差距。但不同的人在做同一件事情的时候,所得到的结果却千差万别。

作为在职场中打拼的现代人,光有好的策略是不行的,只有将工作落实到行动中,才能得到理想的结果。如果只是“心”动了,却没有付诸行动的话,那你所想到的一切都将是“纸上谈兵”。

杰克是一名食品推销员,他十分热爱自己的工作,但同时也非常热爱钓鱼和打猎，他总是喜欢在周末的时候带着钓竿和猎枪到丛林深处钓鱼打猎，几天后，再心满意足地带着一身的疲惫回家。但是，这种爱好使他乐在其中，同时又深深地困扰着他。因为这些爱好占据了太多的时间，几乎影响到了他的工作。

他想找到一种可以两全的办法。有一天，他从外面回到工作岗位上时，突然产生了一个十分奇异的想法："我可以在荒野之中开展业务。因为铁路公司的员工都居住在铁路的沿线，荒野中还散居着许许多多的猎人和矿工，这些都是潜在的客户。"这个想法令他兴奋不已，这样一来，他便可以在狩猎途中，顺便开发客户，这简直就是一个一举两得的好事。

接下来，他开始着手此项计划，没等跟家人告别，他便回家打点行李，进行准备工作，这样是为避免自己被犹豫和拖延影响了决心，而导致自己最终放弃这项完美的计划。直到第二天，他才告诉家人他已经在郊外开始工作了。他的小儿子一直嚷嚷着要找爸爸，这让他有点想要回家，但他马上打消了这个念头，还在心里默念："幸亏自己行动得早，不然，肯定会因为舍不得家人，出不了家门了。"

之后，他沿着铁路线开始工作。那些人对他的态度十分友善和热情，他的工作因此开展得十分顺利。在和他们的接触之中，杰克与他们产生了深厚的感情。杰克教他们一些生活中的小手艺，给他们讲外面世界中的传奇故事，因此，他经常成为他们的尊贵宾客，杰克推销的食品也大受欢迎。杰克在这里工作了3个月后回到公司。随后的一年中，杰克因这次行动而创造出了百万美元的业绩。

杰克的成功告诉我们，不管理想多么伟大，如果不做出行动，那都不会起到任何作用。真正的结果只有通过行动来证明。"心动"只是一种想法，或者称之为一种空想，想要将自己的心动成为现实，就要通过行动来完成。取得成功的唯一方法就是快速行动，而不是一味地"心动"。

有人可能会说，中国有句古话叫“心想事成”。的确，但从“心想”到“事成”，中间是需要一个过程的，这个过程就是行动。心中想到了某件事情，只是一个最初的构想，将这件事情变为实现的过程就是行动的过程。

行动是一个人突破自己，升华自我的一种方式，也是一个人能力的证明。一次行动过程，能全面体现一个人的优点和缺点，能让成功的人体会到快乐，让失败的人找到下次“进攻”的目标。

职场上，许多人曾不止一次抱怨自己的才能得不到施展，其实并不是他们的才能没有发挥的地方，而是他们没有给自己发挥的机会。他们总是在抱怨和叹息中蹉跎着岁月，从来没有开始行动的决心。

聪明的员工自然会有许多聪明的想法。但是，这些想法是需要在行动中加以证明的，如果不及时在工作中加以运用，那这些想法就如同梦境一般，永远不可能实现。因此，不要将想法浪费在大脑中，要将它表现在行动上。

能够在心动的同时立即行动的人，往往会激发出自己内在的潜力，让自己获得成功。但是，如何才能让自己将心动转变成行动呢？下面的几个方法可以作为参考。

(1)心中有想法，马上去行动

有了好的想法后不能轻易放弃，因为这个想法极有可能会给你带来成就感与荣誉感，放弃一个想法就相当于放弃了一次机会。当这个想法考虑成熟后，可以让行动去验证想法的可行性。因此，心中的想法与行动是相辅相成的，缺一不可。

(2)不要让拖延阻碍了你的行动

很多时候，我们总觉得时间有的是，凡事都不着急。本该马上做的事情，我们总会拖到“明天”、“后天”等。其实，拖延能消耗人的积极性，打击人的斗志。因此，当我要付之于行动的时候，就要抛弃拖延这个包袱，让自己全身心地投入到行动中。

(3)做事情不要半途而废

许多事情当你在操作的时候会发现，并不像你想的那么容易。此时，很多人都选择了放弃。这样，不但不会成功，还会让事情更糟糕。如果在做任何事情的时候都习惯于半途而废，那你将不会品尝到一丝成功的滋味，成功将会与你无缘。

3　停止空谈，立即行动

职场上，从来不缺乏那些夸夸其谈的空谈家，却非常需要一些能脚踏实地默默行动的实干者。能立即将计划付诸行动的人，将会离成功更近。

然而，实际工作中，大多数人却缺乏立即行动的精神，只会一个劲儿地空谈。空谈会让你的行动拖延，在无形中消耗你的时间和生命。

有一次，著名的管理学大师柯维在做培训的时候问了底下学员们一个问题："在我们培训楼旁边一公里的地方，有一家非常好吃的牛肉馆。你们可以抽个时间吃一顿。"学员们都笑着说："谢谢先生，我们一定会去的。这么近，什么时候去都不耽误。"柯维没有说话。

过了一周，柯维问学员们谁去了附近的牛肉馆。结果，没有一个人去过。因为这些学员认为：反正也不远，总感觉什么时候去都行，所以一直没有去过。

可见，行动的执行有着很大难度。因此，当我们想去做一件事情的时候，要马上开始行动。

拿破仑有句名言："不想当将军的士兵不是好士兵！"许多励志大师在演讲中也常常借用这句话。作为职场中人，更对这句话情有独钟，尤其那些在职场底层苦苦挣扎的人们，这句话就像是他们的精神坐标一样，鼓舞着他们那颗脆弱而敏感的心。

的确，只有敢想了，你才敢去做。然而，在现实生活中却有这样一种奇怪的事情。那些大多数人眼里的成功人士，似乎并没有太多太大的梦想，而那些看似胸怀大志的人，却总是一直在走下坡路，终落得一事无成，郁郁而终。这是为什么呢？梦想是用来藏在心中的，是用来做的，而不是挂在嘴边的，不是用来说的。

职场上，常常会有一些人在工作时间里大谈自己的梦想，自己的抱负，自己对未来的设想。这些人热衷于谈论梦想，喜欢生活在自己为自己构造的“幻想的城堡”里。这些人天天说，年年说，说来说去，说到了退休，甚至说到了生命的终结，也从没有去实质性的迈出一步。

老王在深圳一家生产玩具的大型企业担任部门主管。他在这里一待就是15年，早已由当初那个不谙世事的毛头小伙子变成了一个步入不惑之年的中年男人。

老王一直想做到经理的位置，但都15年过去了，他依然还在主管这个位置上徘徊。有几次，经理的位置空下来了，却都是别人又补了上去，老王总是与这个职位失之交臂。于是，老王想要跳槽换个更好的环境。他想过许多发财途径，想去搞外贸，想去开加工厂，想去开酒吧，10年来却一项事业都没能开展。他老是把自己的失意归罪于生不逢时，而从不思考自己采取行动来改变自身的命运。

现在，老王常常把跳槽挂在嘴上，谈论跳槽后能得到多高的职位和薪水。在一阵阵牢骚中，却从没有见他有任何的实际行动。他习惯于把一件简单的事情复杂化，什么想法经过他思考后似乎变成了一个巨大而完美的创业计划，但一旦要实施起来，却让人感觉无从下手。

这样的事情在职场之中随处可见，许许多多的打工者，都试图去改变自己的人生，最后却往往落得“心比天高，命比纸薄”的笑柄。到底是什么原因阻止他们实现自己的梦想呢？各种各样的理由看上去似乎多如牛毛，比如，有人想自己开个公司或开一家店铺，但苦于没有资金；有人想要在工作中做出业绩来，却总是寻不到机会；有人想跳槽去外企工作，但总感觉自己的条件还不够优秀……这些正是许多人致命的弱点，他们总想着自己过好一些，做一些更有意义的事，但却总是习惯于将自己的梦想束之高阁，却把大量的时间和精力浪费在一些无关紧要的事情上，终日忙忙碌碌做一些琐碎的事情，最后导致自己的梦想和希望死在摇篮之中。对于这样的结果，这些人却常常不在自己身上找原因，却总喜欢寻个美妙的借口，为自己开脱，然后继续过着以前的生活，让梦想在某个角度沉痛的呼吸。

其实，没有行动的梦想就像"乌托邦"一样，看起来很美，听上去很诱人，似乎自己也能在成功后的喜悦中寻到一些快乐的因素，但冰冷的现实，却往往令人不得不接受，不得不面对。也许，在你幻想的那一刻，似乎自己真的就要脱胎换骨，成为一个不平凡的人了，但最后的结果却往往是那样令人失望。实际上，那些没有付诸于任何实际行动的梦想往往容易让人生活在一个很自我的精神世界中，把自己看得很高，脱离了实际的水平，对那些平淡的工作会没有任何兴趣，整天在自己梦想的美丽世界中逍遥自在，但最终会作茧自缚。并且，由于看不起自己身边平凡的工作，最后自己连个普通的人都不如。

在北京，曾经有一位很有理想的人，他于20世纪80年代毕业于北京一所重点大学。在那个大学生为称为"天之骄子"的年代，他并没有去参加工作，而是去研究自己的一个梦想——城市规划，梦想通过空洞虚无的理论来规划城镇建设，解决各式各样的社会难题；他也不断地在规划自己的人生，梦想在35岁前出版自己的巨著，40岁前娶妻生子，45岁前创立自己的基金，60岁前写回忆录……一生似乎规划得非常漂亮。然而到现在年近四旬，却一分钱也没有赚到，整天靠朋友接济，那本巨著至今还没见个影子。最后他成了被人们嘲笑的人。

在实现梦想的路途中，空谈是没有任何意义的。只有开始行动，经历一番"风霜苦"之后，才能闻到梅花的"扑鼻香"。

4 及时发现问题，随时解决问题

几乎每一分一秒，世界上都有人发现一些问题。学生发现自己的作业题,计算错了结果;员工发现上缴的预算报告中漏掉了一项,老板发现他发给秘书的开会时间需要提前。成功者会遇见问题,失败者也会,世界上不会遇见问题的人,估计只能是已经死去的人。面对问题,尤其发现问题到底该怎么办呢,有人害怕问题,装作没有看见,逃避问题。有的人沉溺于发现问题的成就感中,称赞自己的洞察力。有的人则会在第一时间采取措施,把损失降低到最低点。问题是人都会遇见的,决定你到底是一个成功者还是失败者的,是你在发现问题后如何对待。问题不会自我消失,逃避问题只能导致问题的积累,唯有解决问题才是智者的选择。

问题解决得越早,问题所造成的伤害也就越少,后果的危险性也越小。善于发现问题的确是一种能力的体现,但最重要的是马上着手解决问题,把损失降低到最低点。防微杜渐,是经典的一个古训。

借用那个古老的故事,比如说,你的羊圈破了一个洞,这个时候修补它,也许你只需要一两块石头,或者一些木桩。但是发现问题后,你置之不理。然后一只狼发现这个羊圈的破洞,它使劲向里面钻。洞越来越大,你仍不修补破洞。终于有一天,狼叼走了第一只羊。你仍然没修,于是羊圈里的羊越来越少,直到一只都不剩,而你再这个时候再来修补羊圈的破洞,已经毫无作用了。

问题出现若不立即解决,就会后患无穷,造成的损失需要浪费更多的时间和精力才能弥补过来,甚至根本就无法挽回。

出了问题是不能等的,也许别人有可能帮你解决,但不一定会赶在第一时间,如果错过了解决问题的最佳时机,后果将不堪设想。最好的办法是,一旦问题苗头出现,迅速着手,不惜一切代价,将其解决,这是用最小成本解决问题的方法。

在日常生活中,没有谁能够避免问题的出现。或者说,风险是无处不在的,我们每跨出一步,就都有跌倒的风险。很多时候,问题发生的本身是不受我们控制的。那么,我们的主观能动性体现在哪里呢?体现在对于问题的解决上。

在解决问题时,我们要注意,不要单纯地解决一个又一个问题,而应该注意到问题中间去寻找原因，摸清其中存在的规律，同时举一反三，尽力避免问题的再次发生。人不能在一个地方重复跌倒，而对一个想要成功的人来说，如何让同类问题不再在自己身上发生，是非常重要的。对问题的简单处理，对于解决当下的问题，可能是一个比较节省时间的方法，但想一想，若是不能杜绝同样的错误发生，你又要付出多少无谓的努力和时间啊！

一个人不论专业水平多么高，都可能出现失误，相反，一般人若能仔细观察，总结自己遇到的各种问题，并抓住规律，举一反三，也可能会有超越专家的见解。但是，如果只是解决表面问题，下表面工夫，却不知从根子上去找原因，从根本上去加强。这样下去的结果，往往还是因为基础上的问题没有解决，而导致问题的复发。问题若是不能彻底解决，无论你解决问题的速度多快，都是一种时间的浪费。

这个时候，就需要我们找出产生问题的根源了。往往找出问题的根源，并不是那么困难，关键要看我们有没有那种意识。或许低头一瞬间，稍稍反思之后，我们就能够找到问题的深层次原因。我们需要具备一种素质，一种“知微见著”的素质，一种善于寻找规律并把握规律的素质。所以，我们需要做的就是，先要给自己树立一种遇到问题就想追根溯源，防止问题再次发生的精神。一次性解决问题，这样的话，逐渐累积，你可能犯的错误越来越少，你耽误在改错，重新再来的时间上越来越少，你的行事自然更加高效了。

当一群人竞争的时候，哪种人能够获胜？当然是“出现错误最少的人”，那么，怎样才能减少错误发生的几率？

一个十分有效的途径，就是在问题出现的时候，不要满足于解决单纯的问题，而应该扩展视野，找到问题出现的深层次原因，杜绝类似问题的再次发生。

当一大堆事情出现在人们的眼前时，最重要评价的是，这件事情干的好还是不好。有的人完成的事情，甚至连细节都无可挑剔，而另外一些人，仅仅是保证事情大体上过得去，至于细节来说，简直都是惨不忍睹；还有的人呢,基本上连完成事情都做不到。

松下幸之助在自己失业后,去一家电器公司求职。当身材瘦小的松下来到公司人事部,请求给他安排一份最差、工资最低的活干时,人事部主管见他个头瘦小而且衣着不整,不便直说,就随便找了个理由对他说:“我们现在不缺人,你过一个月再来看看吧。”

一个月后,松下真的再次来到了这家公司。那位人事部主管见到他之后,借口没有时间没有接待他。

过了几天,松下又来了,负责人很不耐烦,挑剔松下衣着不整。

松下回去借钱买了新衣服,穿戴整齐之后又来到这家公司。主管这次又以松下对电器知识了解得少为由,再次拒绝了松下的求职请求。

没想到的是,两个月后,松下又来了,这一次,他已经做了很充分的准备,下工夫学了不少电器方面的知识。这一次,松下主动对主管说:“您看,我在哪个方面还有差距,我再一项一项来弥补。”这位人事主管被松下的耐心和韧劲征服了,终于招收了松下。

松下的这种求职方式,是非常有借鉴意义的。别人总能发现他的问题,他也总能不断改正。最后凭着坚韧不拔的毅力,找到了工作。

在职场上,每个人都会遇到不同程度的问题,这些问题不管是自己发现的,还是别人指出的,都要立即将其改正,这样你才能为自己赢得成功的机会。

5 不要为自己的失败寻找借口

美国著名的联邦快递公司是一家非常成功的企业。这家公司之所以全球知名，有一个非常重要的原因就是——不为自己的失败寻找借口。

在联邦快递公司，每一名员工都非常积极主动。他们在遇到困难或发生失误的时候，从来都是员工自己主动寻找解决之道，从不会将事情推给上司，更不会为自己寻找借口。

像联邦快递这样的企业员工，都是满怀激情的人。这些人最大的特点就是能勇于承担责任，不会为自己的失败寻找借口。其实，不为失败找借口就是一种工作责任感，一种职业精神。

吉埃丝是一名美国记者，有一天，她来到日本东京，她在路过奥达克余百货大楼时，顺便走了进去，她想买了一台唱机，准备送给住在东京的婆婆，作为见面的礼物。

售货员彬彬有礼、笑容可掬地特地挑了一台尚未启封的机子给她。然而回到住处，她拆开包装试用时，才发现机子没装内件，根本无法使用。吉埃丝非常恼火，打算第二天一早就去百货公司交涉，并迅速写了一篇新闻稿《笑脸背后的真面目》。

第二天一早，吉埃丝刚刚起床，一辆汽车就赶到了她的住处，从车上下来的是奥达克余百货公司的总经理和一个拎着大皮箱的职员。他俩一走进客厅就俯首鞠躬、连连道歉，吉埃丝搞不清楚百货公司是如何找到她的。

那位职员打开记事簿，讲述了大致的经过。原来，昨日下午清点商品时，发现将一个空心的货样卖给了一位顾客，此事非同小可，总经理马上召集有关人员商议。当时只有两条线索可循，即顾客的名字和她留下的一张美国快递公司的名片。据此百货公司展开了一场无异于大海捞针的行动。打了32次紧急电话，向东京的各大宾馆查询，没有结果。于是，打电话到美国快递公司的总部，深夜接到回电，得知顾客在美国父母的电话号码，接着，打电话到美国，得到顾客在东京的婆家的电话号码，通过她的婆婆，终于找到了吉埃丝的落脚地。这期间共打了35个紧急电话。职员说完，总经理将一台完好的唱机外加一张唱片、一盒蛋糕奉上，并再次表示歉意后离去。吉埃丝的感动之情可想而知，她立即重写了新闻稿，题目就是《35个紧急电话》。

故事中的日本企业在遇到危机问题时，从来没有为自己寻求一句借口，只是用自己的专业精神与忠诚态度来打动客户。这种精神，正是日本企业能在激烈的世界竞争中保持优势的重要原因。

在职场上，真正的成功永远属于那些为成功寻找方法的人，永远不属于为自己的失败寻觅借口的人。想要自己的职场之路更加顺畅，要做一个自主自发的人，不要做总是为失败寻找借口的人。要知道，只有主动才会有机会，才会在竞争中获得胜利。

在工作中，不出现失误的人是不存在的。大多数人都会在工作中由于各种原因而发生错误。此时，为自己寻找借口的人，往往不但不能得到老板的理解，反而还会失去工作。那些能勇于承担的人，却大多被老板原谅了。

失败并不可怕，只要拥有斗志，一定能获得成功。但是，想要做到不对工作找借口，是件很难的事情。然而，做到以下两点，你就会在职场上更加应对自如。

(1)全方位了解你的公司

对自己公司了解得越透彻，你就会越清醒，在工作中就会越应对自如，以保证不出差错。即使不小心出了差错，你也知道如何向公司交代。

(2)主动承担工作责任

既然你在一家公司工作，就要主动承担自己的工作责任。这样，当你在工作中犯了过错的时候，才敢于承担责任，敢于对自己的错误负责。

6 借口会让你丧失更多机会

工作中难免会遇到困难，许多员工在面对困难的时候，总是喜欢找借口来逃避。其实，喜欢寻找借口的人，会让自己失去很多锻炼机会。另外，还会留给老板一种不敢承担责任的印象。如果你的老板分派给你一件很困难的工作，你做的第一件事情就是在他面前为自己寻找借口推托，那你的老板将会对你很失望。更重要的是，任何完美的借口都不能将事情解决。

在职场上，积极的人永远会寻找方法，消极的人会时刻寻找借口。对于那些积极主动的人来说，方法总比借口多；而对于那些消极怠慢的人而言，借口永远找不完。其实，为自己寻找太多的借口，除了会打击自己的自信心外，还会让自己失去许多机会。

刘鑫是一家数码相机店的销货员。他工作时间不长，但非常勤奋，深得老板的赏识。可是，刘鑫有一个坏毛病，就是遇到事情喜欢自作主张。

有一次，店里进了一批新款相机，许多顾客都很喜欢这种新款式，纷纷购买。一时间，店里快要断货了。刘鑫的同事赶忙去取货，店里就剩下刘鑫一个人了。由于工作时间不长，刘鑫对各种相机的功能和售价并不太熟悉。

这时，一位顾客看上了一台新款的相机，向刘鑫打听价钱。刘鑫脑子迅速转了一遍，对这种相机一点印象都没有，至于多少钱，他根本就不知道。但刘鑫看了这款相机之后，感觉最多值6000块钱，于是他向顾客报的6500。没想到顾客当即掏钱买下了这款相机。刘鑫想："虽然我不知道价格，但卖6500，无论如何也不会赔本的。"

晚上，会计在对账的时候发现，刘鑫卖的那款相机售价是7000元。刘鑫得知后非常后悔，也十分着急。会计善意地对他说："你现在自己将亏的500块钱补上，然后不要老板知道就可以了。如果事情传到老板耳朵里，你就借口说是新款相机，没有记清价格。"

但刘鑫觉得不大合适，他找到了老板，把事情的经过如实讲了一遍，他告诉老板，由于自己没有熟悉价格，少卖了500块钱，自己愿意将这500块损失补上。

老板听了刘鑫的话，果然非常生气，决心要炒他的鱿鱼。但转念一想，感觉刘鑫不为自己的错误找借口，是位值得信任的员工。于是，老板最终原谅了他，但是，同时也提醒他，以后遇到事情要多向同事请教，不要自作主张。

故事中的刘鑫，虽然犯了一个自作主张的错误，但他幸好没有继续犯瞒天过海的错误。也许，他完全有理由为自己的错误找到合理的借口，但是，如果这样做，他的人品就会大打折扣。他没有逃脱这次责任，是选择了坦率地承认错误。这样的态度是任何一个老板都赞赏的。

不为自己的过错找借口，表现了一个员工对工作的责任感和对公司的忠诚，也体现了其果断的执行能力。因此，在工作中犯了错误，不要逃避责任，更不要为自己寻找借口，要勇于承担自己的过错。只有勇于承担自己责任，不为自己寻找任何借口的人，才会得到别人的尊重。

20世纪初，一位叫弗兰克的意大利移民来到了美国。他为人朴实，待人接物都真诚和善。更难能可贵的是，他一诺千金，说到做到。在这异国他乡生活了没有多久，弗兰克便和当地的百姓和周围的居民成为了非常好的朋友，大家都很喜欢他。

但是，真正让世界上所有的人记住弗兰克名字的，是他曾为人类精神历史写下过灿烂的一笔。

来到美国定居的弗兰克，刚开始的日子并不好过。他头脑灵活，思考着应该怎么办？最终，他想到了一个改善生活的好办法。

他努力工作了几年，经过艰苦的积蓄，开创了一家小银行。周围的百姓和当地的居民，由于知道弗兰克人品高尚，说到做到，做人做事又能非常讲诚信。于是，大家纷纷把钱存放在了他开的银行里。这本是一件令人十分快乐的事。但一次突如其来的抢劫让快乐变成了伤悲。被劫犯洗劫过的银行已经满地狼藉，破了产。这样，储户就失去了存款。弗兰克最初也被这突如其来的打击震惊了，但他很快镇定下来。他决定带着自己的妻子和四个女儿从头开始，一点一点偿还那笔天文数字的存款。

当时有许多人都劝他："你不必这样做，这件事你是没有责任的。"弗兰克回答："是的，在法律上讲，我或许没有责任；但从道义上讲，我如果不这样做，我觉得对不起自己的良心。"

偿还的代价是30年的艰苦生活，当寄出最后一笔"债务"时，弗兰克才如释重负地轻轻叹道："我现在终于无债一身轻了。"

故事中的弗兰克是一位普普通通的人，但他在遇到天灾时，没有为自己寻找任何借口，用自己一生的辛苦和汗水完成了他的责任，如果他当时借口不还，法律虽然不会制裁他，但他却会因此而丧失了受到人们尊重的机会。

在职场上又何尝不是如此呢？当你犯了错误时，如果绞尽脑汁去寻找借口，那你将会丧失老板的信任，同事的信任，最终成为一个不受欢迎的人。工作中遇到困难，是一件正常的事，此时你应该做的不是为自己寻找借口，而是寻求解决困难的方法。当你找到一条适当的方法将困难解决了的时候，你得到的不仅仅是理解和尊重，更多的是信任和机会。

7　工作中，执行一定要到位

在现代的职场上，许多人上班不管自己做什么，只管听从老板的要求，属于典型的只管接受指令却不顾结果的人。这类人整天得过且过、应付了事，一切听从老板安排，即使是错了，也与自己没有关系，怪不到自己的头上。这样的人看起来似乎深谙明哲保身之道，实际上，这样的人只能算是职场中的"老油条"，不能委以重任。

任何一个职场中人，都要能够在自己的工作岗位上独当一面，应把自己分内的事做到位，让领导放心，对单位有所贡献，或是有所建树。这样，才能够得到领导和同事的认可,才能够把事做好。

不管你执行任何一件工作,一定要将事情做到位。将事情做到位也是执行工作的最高境界。做到了这点,就能大大提升自己的执行效率。

在工作中,你可能感觉自己做的事情与别人差不多,做得差不多就已经够了。但是,你的上司一定对你的表现心中有数,你会因此而失去升职的机会。

很多人之所以做事做得不到位,其最主要的原因是因为他们常常会完成事情的百分之八十,而忽略了剩下的百分之二十,可恰恰是这最后的百分之二十,却是关键的关键。它之所以关键,是因为正是要完成这最后的百分之二十,你的成果才会显现出来,少一点都不可以。

什么事情,都要做到位。工作做到位,是工作严谨的体现,也是一种态度的表现,对自己的工作不要敷衍,要认真去做,并尽自己最大的努力把它做好。

做工作不难,每天都有人在工作,每份工作都有人去做,难的是把工作做好,做到位。只要是工作,就要用自己的全部精力,把它做到最完美。不能差不多就行了,像有些人一样,看似一天到晚都在忙碌,似乎有做不完的事,却忙碌而无效。

在工作的过程中,增加自己的执行能力,不但能让我们在职场收获信任,还能增加我们的机遇。

她曾在一家机关招待所做服务员,因为是下岗后再次就业,她十分珍惜这份来之不易的工作。

一天,一位客人叫住她,要她帮忙买一块香皂上来。她不由得紧张起来,还以为是自己粗心疏忽了,忘记了给客人配发一次性香皂。她急忙向客人道歉,并表示自己马上帮客人把一次性香皂配好。

客人告诉她,现在招待所里用的是小香皂,不过他不喜欢使用小香皂。因为那些一次性的小香皂,个头小,质量差,还不方便拿在手里。

听客人这么一讲，她便出去为客人买回了大香皂。

第二天，这位客人走了，她收拾屋子时发现香皂只用了一点点。宾馆里配置的小香皂却没有人用过。于是，她灵机一动，心想："小香皂太小，不方便使用；大香皂太大，使用不了浪费太严重。如果我能做一种环型的大香皂，中心是空的，这样既能减少浪费，又能提高利润。"

有了这样的想法，她马上进行了市场调研。她做每件事情，都能将工作做到位，做到最好。以她在服务行业这么多年的经验看来，一次性香皂消费市场潜力巨大，一般的酒店宾馆一天就要消耗上百块。这是多么大的一次机遇啊！此时，她感觉，上天给了她一次巨大的机遇，她萌生了强烈的抓住机遇，改变自己人生的欲望。后来，她的空心香皂受到了广泛好评。

故事中的的妇女让人佩服。她在做事情的时候，由于思考的多了一点，执行上更到位一些。结果，自己为自己寻求到了出路。我们在职场上也要如此，有时候，一个好的方法，一个好的点子，就能够让工作效率大大增强。因此，到位的执行工作，能让一个人发现许多商机。

只管做事，不管好坏，这在任何一家公司都是不允许的。要想从做大事做成事，最先要做到的，就是要有一个明确的目标，能够按照目标，一丝不苟地把事情做到底。

古人云：**"天下难事，必做于易；天下大事，必做于细。"**职场上，许多大事情，许多关键的事情，都是由许多细小的事情，许多琐碎的事情堆积而成，没有小事的累积，也就成就不了大事。把小事做到位，大事自然就做好了。在职场中拼搏的人们，一定要将"把事情做到位"当成自己的一种习惯，当成自己的一种生活态度，如果能够这样，我们就能够与成功同行，与优秀同在。

每个人都有自己的工作职责，每个人都有自己的工作标准。社会上由于你所在的位置不同，职责也有所差异。但是，不同的位置对每个人却有一个最起码的做事要求，那就是做事做到位。做事情做到位是每个员工最基本的工作标准,也是一个人做人的最基本的要求。只有把事情做到位了,你才能提高自己的工作效率,才能因此而获得更多的发展机会。

各行各业,都需要那些能够把事情做到位的员工。如果你能够尽自己的最大努力,尽力去完成你应该做的事情,那么总有一天,你能够随心所欲从事自己想要做的事情。反之,如果你第一天不管做什么事情都得过且过,从来不肯尽力把自己的本职工作做好,那么你将永远无法达到成功的巅峰,永远在失败的低谷徘徊。

8 “两点之间”直线未必最短

在我们大多数人的思维之中,往往会以为两点之间直线最短。然而,在现实生活中,“两点之间”,则未必直线最短!对于这样的判断,也许你会怀疑,我们就来具体做一番分析。

在日常生活中,许多人都无时无刻不在为自己的理想而拼搏,不在为事业而忙碌。然而有的人取得了成功,有的人却恰恰相反。原因何在?是自己的努力不够?未必!最主要的原因就是在于自己在努力拼搏的过程中,过高的估计了自己的力量,或多或少的犯了自我中心主义的错误!我们在自己努力奋斗的同时,请不要忘记了我们在有形无形之中与他人和社会存在着必然的联系。在人与人的关系以及做事情的过程中,有时很难直截了当就把事情做好。有的事情需要等待,有的事情需要合作,有的事情需要技巧。当遇到困难和挫折的时候,碰到障碍与麻烦的时候,我们并不一定非要硬挺、硬冲。因为,个人的力量与这个社会相比,真的就好像沧海之一粟,大树之一叶。因此,我们不可能事事都靠自己的力量独立完成,也不必都自己去独立的完成。这是一个务实的社会,这更是一个需要合作的社会!我们要帮助别人,我们也需要别人的帮助。在个人的力量所不能及的时候,我要的不是硬拼死拼,更不是气馁放弃!我们需要和大家一起,共同努力,共同奋斗,互相支持着共同面对困难。

从管理学的角度来看，作为一家企业的管理者，自然整天会面临许多琐碎的事情，这些琐碎的事情会占用大量的时间。然而，一个人的时间和精力毕竟有限，你不可能面面俱到，也不必事必躬亲。那么在这个时候，你是否想到了授权？你是否想到了和下属的沟通与合作？三国时候的诸葛亮智谋超群，六次伐魏，却为什么没有最终统一北方，没有最后灭了曹魏，却自己由于辛劳过度，累死在军中。他犯了一个最大的错误，就是凡事必躬亲，这同样是职场之大忌！

日本著名松下电器的创始人松下幸之助曾说："授权可以让未来规模更大的企业保持小企业的活力。同时也可以为公司培养出发展所必需的大批出色的经营管理人才。"在这方面詹森维尔公司可以说是一个典范。

詹森维尔公司是一个典范的家族企业，这家企业的规模不大。但自1985年放权以来，企业发展相当迅速。1991年，46岁的CEO斯塔尔的体会是："权力要下放才行。一把抓的控制方式是一种错误，最好的控制是来自人们的自控。"斯塔尔下放权力的主要手段是由现场的工作人员来制订预算，刚开始的时候，整个预算过程是在财务人员的指导下完成的。后来，现场工作人员学会了预算，财务人员就只是把把关了。在自行制订的预算的指导下，工作人员自行设计生产线，需要增添新生产线时，他们会在报告上面附上一分自己完成的现金流量分析，以证实设备添置的可行性。为了让每一位员工更有权力，斯塔尔撤销了人事部，成立了"终身学习人才开发部"支持每一位员工为自己的梦想而奋斗。每年向每位员工发放学习津贴，对学有成效的员工，公司还发放奖学金。自从实行权力下放以来，公司的经营形势十分好，销售额每年递增15%，比调资幅度高出整整一倍。

无独有偶，某公司有两位刚从技术工作提升到技术管理职位的年轻管理者：A经理和B经理。A经理觉得责任重大，技术进步日新月异，部门中有很多技术问题没有解决，很有紧迫感，每天刻苦学习相关知识，钻研技术文件，加班加点解决技术问题。他认为，问题的关键是向下属证明自己在技术方面是如何的出色，凡事都自己亲自去做。B经理也同样认识到技术的重要性和自己部门的不足。因此他花很多的时间向下属介绍自己的经验和知识。当他们遇到困难他也帮助一起解决，并积极的和有关部门联系协调，自己有不能解决的问题时也积极的请求大家一起解决。三个月后，A经理和B经理都非常好地解决了自己部门的技术问题，而且A经理似乎更出色。但半年后，A经理发现问题越来越多，自己也越来越忙，但下属似乎并不满意，觉得自己很累。B经理却得到了下属的拥护，部门士气高昂，不但解决了以前的问题，还搞了一些新的发明。由此足以看出，权力合理的下放，有百利而无一害！

我们每个人都渴望辉煌，每个企业都想持续发展，想要在茫茫商海立于不败之地，就一定记住：两点之间未必直线最短。我们在日常的工作中，要保持清醒的头脑和理智的心理。如果自己的力量不足以做某一件事情，不妨求助于别人。如果自己的精力不能顾及每一件事情，不妨放一放权力。只有这样，企业才能得到更好的发展，才会有更加辉煌的明天。

第八章　激情点燃梦想——用热情浇灌在职的每一天

1 工作中要时刻充满激情

激情是一个人能否在职场获得成功的重要因素。在职场上的成功，与其说取决于人的才能，不如说取决于人的激情。那些对待某份工作激情四射的人，成功的概率就大得多。那些拥有激情的人，不管遇到什么样的挫折，也不管遭受到多么大的打击，都能够很快地调整自己的情绪，修订自己的计划，让自己更加激情地投入到工作中。

李红是一家国有企业的员工，她们公司不但制度完善，福利和待遇都非常好。

可是，有一天，李红却突然辞职了。原因是她感觉自己在这里找不到一点工作的激情，自己刚入职时的那种激情早已消失的无影无踪了。

之前，李红在这家公司上班的，总是每天第一个到公司，下班最后一个才离开。那个时候的她，总是神采飞扬，激情四射。可是，随着工作时间的增加，李红慢慢变得平静起来，再也找不回当初的激情了。现在的她，每天都看着疲惫不堪，烦躁不安。她感觉总有一块大石头压在自己心头，让自己再也找不回当初的激情了。上班总是最后一个来公司，下班总是第一个离开。整天阴沉着脸，一言不发，感觉工作对自己来说是一种折磨。

后来，李红想起公司就头疼，无奈之下，她走进了老板的办公室提出辞职。她告诉老板：自己已经没有激情了，再在这里工作下去，自己一定会崩溃的。

辞职后的李红在家待了几个月，她又变得更加焦躁不安了。没有工作的她感觉更难受，更烦躁。失去了工作，似乎生活也没有任何意义了。

然后，李红打电话给老板，告诉了老板自己的现状。老板是个非常宽容的人，他又让李红复职了。重新走上工作岗位的李红，感觉到自己对现在的工作非常珍惜，在工作的时候，又一次充满了激情。一年后，她由于业绩突出，被提拔成了部门经理。她在工作中，她已经学会如何调整自己的情绪，再也没有对工作产生过厌倦。

一个没有工作激情的员工，很难在职场获得成功。因为缺乏激情的人不会去主动做一件事情，做事情的热情也不高，对于成功的渴望也不强烈。所以，很容易走向失败。诚然，一份工作做久了，也难免会感觉到乏味，出现疲惫和倦怠，渐渐失去之前的激情。如果遇到这样的情况，就要重新思考一下自己的目标了。然后为自己订一个更高的目标，想像一下这个目标实现后所能带给你的快乐。这样，你就会继续充满激情地投入到目标的追求中，投入到琐碎的工作中去了。

在重重的工作压力之下，你可能会慢慢忘掉了自己刚踏入职场时的那种激情与梦想。此时，不妨自己静静坐下来回忆一下，想想你刚刚参加工作时的那种干劲十足、激情四射，那个时候的你每天都早出晚归，将自己的全部精力都放在了工作上。可现在呢，你已经感到乏味了，枯燥了，不想做任何事情了。如今的你，可能已经像个机器人一样，每天木然地坐在公司，做着单调的工作，心中唯一盼望的就是早点下班，早点放假。这样的状态会让你渐渐变得麻木，从而失去许多原本属于你的机会。如果你真的遇到了这样的状况，就要重新审视一下自己的工作态度了。然后自我调整好，找回早已失去的激情。

其实，让自己充满激情，并不是一件困难的事情。你没有办法改变世界，却有办法改变自己；你没有办法控制别人，却有办法控制自己。只要你能重新认识到工作的意义，重新找回自己的梦想，你就会找回久违的激情。下面的几个方法，或许对你能有所帮助：

(1)与公司之间建立一种归宿感

想要对公司产生一种归宿感，首先要认可你所在的公司，承认你的公司是优秀的。只有优秀的公司才能留下优秀的人才。然后，在为自己寻求发展目标时，要自己考虑清楚：这个目标是不是自己想要的，自己能实现这个目标的可能性有多大。最后，全身心地投入到工作中。一般来说，只要认可自己的公司，拥有明确的目标，就会充满激情，为着自己的目标而努力，想要自己倦怠都难。

（2）清楚自己在公司工作的目的

你要清楚地知道自己为什么在这家公司工作，是为高工资还是为提高自己的能力。搞清楚这个问题是非常有必要的。如果你抱着学习的态度，为的是锻炼和提升自己的能力，你就会在工作中时刻保持着激情，时刻寻找着锻炼自己的机会。如果是为高工资，你就不会将自己的全部精力都投入到工作中，只会这山还望那山高，工作情绪不稳定，工作自然就不会稳定。因此，将自己的工作目的彻底弄清楚，会让你寻找到工作方向，不至于在职场迷失自己。

（3）学会将自己的工作目标分解

许多人自从踏入职场的那天起，就为自己建立了一个宏远的目标，他们会一直朝着这个目标奋斗。但是，由于种种的不如意，他们会发现实现自己当初的目标难度太大，进而放弃了对目标的追求，整天牢骚满腹，抱怨工作的不公平。如果你是这样的人，就要学会改变一下策略。最好能够将自己的大目标分解成若干可以企及的小目标，当一个一个小目标相继被你实现后，你的大目标自然也就实现了。另外，将工作目标分解，也是能够让你保持工作激情的一个百试不爽的妙招。

2 激情是工作的灵魂

一个没有激情的员工很难全身心地投入到工作中，当他遇到困难的时候，会毫无斗志。如果充满激情的话，就会在困难面前越挫越勇，屡败屡战，永远充满希望。正是凭着这一股精神动力，他们最终能战胜所有困难，成为最后的成功者。可见，激情是工作的灵魂，是工作成功的精神保障。

激情是一种永不言败、永不放弃的精神，是一种对工作的执著信仰。有激情才能将工作做好，才不会感到乏味。

生活就像琴弦，太松了，弹不出优美的乐曲，太紧了，容易断，只有松紧合适，才能奏出高山流水的韵味！没有闲情的生活如同一根永远绷紧的弦，紧张有余，弹性不足，缺乏张力和韧性。生活有张有弛，才会色彩斑斓。人生丰富多彩，才能活力澎湃。然而，工作与生活不同，它需要你时刻保持一种激情。激情是一种爱，一种热烈的，不为任何山云变幻所左右的执著的爱，有了激情人生才会有勇往直前的动力，才会有光彩，更有意义。

园艺家说："工作是加法。譬如一棵树，开始时只是一粒小小的种子，加了水和养料，就长出了根，再加了枝条，加了叶，加了花，加了果，就有了属于自己的一片绿荫，一份收获。"雕塑家说："工作是减法。就像一块野外采来的巨石，需要反复地雕琢，减掉许多许多多余的部分，才能成为一尊雕像，让人们赞赏。"其实，不管工作是加法还是减法，都需要有一股精神去支撑，而这股精神就是——激情。

激情是你能够保持一个良好态度的助推器，正是因为有了激情，你才不会对工作产生厌倦，不会对未来产生迷茫。你会在自己的工作岗位上不断努力，不断进步，并影响和带动周围的人和你一起奋斗，共同为公司创造更大的利润。这些人以工作为乐，把紧张的工作当成一种享受，在工作中寻找生命的意义和生存的价值，他们对工作永远是那么充满激情，永远是那么热情和专注。

当然，职场中最理想的状态是做自己感兴趣的工作，如果一个人能够从事自己喜欢的工作，会比从事其他工作更有激情，会迸发出更加强烈的成功欲望，也更容易走向成功。

李开复在美国的时候，如果不是因为那次重要的决定，他可能只是美国一个小镇上名不见经传的律师。

李开复考上了哥伦比亚大学的法律专业后，被很多人羡慕，觉得以后从事法律工作将会是一件很体面的事情。

但是，李开复却发现自己真正的兴趣并不在法律上，每次上专业课时，他总是打不起半点精神，甚至还常常在课上昏昏欲睡。

此时，他接触到了计算机，很快他就喜欢上了计算机。每天，他都在疯狂地练习编程。老师和同学都对他的“不务正业”而感到惊讶。终于，在李开复大二的时候，他做出了一个重大决定：放弃自己的专业，转入计算机系学习编程。

在当时，计算机还属于高科技的产品，哥伦比亚的计算机系也只是刚刚成立，很少有学生报名学习。

从受人尊敬的律师转到一个前途未卜的领域里来，这使认识他的人都深为不解。许多朋友都劝他三思而行，不要放弃前途光明的法律专业。但李开复却毅然地决定坚持自己的选择。因为他知道，人的生命只有一次，不应该浪费在自己不喜欢的事情上，而是用自己的一生时间去学习和研究自己感兴趣的领域。

没想到的是，他一入计算机领域，便如鱼得水，整个身心充满了激情。后来，他又进入卡内基梅隆大学，继续攻读计算机方面的硕士及博士，并获得了计算机专业博士学位。他开发的“语音识别系统”获得了《美国商业周刊》最重要发明奖。他于1998年加盟微软，创立了微软亚洲研究院。2000年他升任微软全球副总裁，是微软高层里职位最高的华人。2006年他又出任Google公司全球副总裁、中国区总裁。

故事中的李开复是个幸运的人，他从事了自己喜爱的计算机领域，在这个领域中，他因兴趣而产生了无限的激情，又因激情而坚持不断的努力，最终获得了成功。

在现代职场上，那些充满激情的员工是公司的一笔财富，能带给公司意想不到的价值。因为，满怀激情的人做事是积极主动的，不是消极被动的。正是如此，许多企业都希望自己的员工能够在工作中表现出激情的面貌。满怀激情的员工是公司不断进步的根本。激情能够传染,一个激情的人会让自己周围的同事都充满激情,都积极面对工作。这样,企业才会高速的发展,工作才会有序的进行。正是因为这样,激情才被看作是工作的灵魂。失去激情的工作正如失去灵魂的人,很难会有一个好的结果。

因此,在工作中,给自己一个希望,能够让自己看得到未来。要永远保持向上的激情,任何一个职场中人都需要有非常高的激情,拥有了激情,才能够更加卖力地工作。如果你渴望在职场获得成功,那就从现在做起,兢兢业业,开拓创新,扎扎实实做好本职工作,在平凡的工作中燃烧激情。只有这样,才能获得自己事业上的成功。

3 工作最忌三分钟热度

有很多职场上的年轻人,常常会有这样的想法:“我刚刚进入一家企业的时候,我也是一腔热血,我也是想要作出一番业绩,但过了一段时间,我就感觉没有意思了,因此工作也就失去了热情。”

这样的情况是许多在职场上的年轻人都共同有过的。初入职场,都会遇到这种各样的问题,许多工作并不是和自己想象中一样,因此,心态也就发生了变化。其实,年轻人拥有一腔热血和满腔热情是正确的,但是我们一定要明白两点:

第一,任何职业的工作,都不是仅仅依靠热情就能够做得好。

第二,任何一份工作,都需要持续的热情,要懂得坚持地做下去,并要坚持地把它做好,不能只是保存三分钟热度。

如果你能够明白这两点,你就能够做得非常好了。

相信每个人都听过“龟兔赛跑”的故事,这个故事在职场上也同样上演着,许多职场中的人,正是由于像乌龟一样,由于能够一步一步地坚持下来,才慢慢地走上终点的。而那只因为“爱睡觉”,而对工作只有三分钟热度的小白兔,才最后败在了实力远在自己之下的乌龟。

小白兔之所以在赛跑中输了，主要是因为他的心态不稳定，一会想要跑个第一名，一会要想趁机会先睡个觉，结果造成了三分钟的热度。而那只乌龟，虽然跑得很慢，但他能够稳定自己的情绪，能够一点一点坚持下来，抓住了一个目标，认真地走下去，最后终于战胜了兔子，获得了第一名。这就涉及到如何调控自己情绪的能力，拥有一个稳定情绪的人往往长期努力地去完成一项工作，而情绪不稳定的人则很难将一项工作做彻底。

那些对工作只能保持三分钟热度的人，往往在职场中人际关系也会不大顺利，尤其不能得到认真踏实的老员工的认可。我们可以试想一下，如果那只“乌龟”能够看到睡觉的“小白兔”，它会佩服小白兔吗？它当然不会，它只会叹息着笑一下，然后继续自己缓慢但不间断的前进。而这只“小白兔”却永远不明白以上道理。

在职场上，有许多小白兔这样的人，他们认为仅仅凭着自己的聪明和可爱，就一定能够在职场上立于不败之地。其实，他们是错的，他们的聪明和可爱，并不适用于竞争激烈的职场。

许多对工作只存有三分钟热度的人，他们在还没有进入自己的正式工作角色之前，就会受到许多人的讨厌了。而他们的三分钟热度似乎也是一个警报，预示着他们会跳槽，即使不跳槽，也会被企业淘汰。这种结果，在大多数的情况下，“小白兔们”却不会从自己身上找原因，反而会觉得企业不重视自己，甚至加速他们愤而离职。

这些职场上的“小白兔”，如果想要快速摆脱和避免自己职业生涯中的困境，需要对自己做些调整。如何去调整呢？首先，要培养自己的耐性和稳定性，使浮躁的心静下来；其次，不要用“老经验”对待新问题，而是要学会在自己的工作中重新开始去学习自己不懂的东西；第三，就是需要尽快进行角色的转换，以职场员工的心态对待自己，不能一遇到不顺心的事就一走了事。因为，即使你愤而离开，公司也不会因此而挽留你。而你也会很快发现，只要是参加工作，不管到哪个公司，都会遇到同样的问题，你同样需要面对它。

如果你能够将自己的价值观排在贡献之上，那你就会努力地坚持下去。如果你做的事情是正确的，那你就要坚持下去。

有些人，在其职业生涯中换过十几份工作甚至几十份工作，每一次换工作都觉得是老板有问题，或是产品有问题，或是公司的制度有问题，从来没有想过自己的问题。这也是他们保持工作上三分钟热度的主要原因。

因此，我们每当三分钟热度过后，想要放弃的时候，要回头想想，看看是不是自己出了什么问题，看一下问题到底是出在企业身上，还是出在自己身上。

应该说，任何一个人的成功都不是凭空的。成功是一种习惯，而放弃也同样是一种习惯。很多人有一腔热血，但过不了多久就会由于各种原因，想要放弃，想要离开。这些人，会在遇到挫折的时候放弃，在遇到瓶颈的时候放弃，在心中没底的时候放弃，从来没有给自己一个坚持的理由，因此也就从来没有和成功结过缘。

只要能够找到自己喜欢的事情，能够坚持下来，那成功的可能性就大大提高了。

但是，一般人却没有勇气做到这些，可当他有了勇气的时候，他又不知道自己应该做什么，能够做什么了。试想，如果当他有三分钟热度的时候，也能注入一点点勇气，那结果还会是这个样子的吗？

要知道，成功是长期的积累而成的，并不是三分钟热度就可以代替的。

因此，在职场上，不管任何职业的工作，不管任何行业，都不能只有当初的一腔热血，不能仅仅有三分钟热度，要踏踏实实地去努力坚持，要坚持到底，用一贯的坚持，去书写自己灿烂辉煌的职场人生。

4　克服职场弱点，保持工作激情

职场上，没有人是完美的，每个人都有不同程度的弱点和不足。这些职场上的弱点也是消磨工作激情的“杀手”。许多激情四射的人都慢慢在工作之中被这些职场“杀手”折磨得痛苦不堪，激情也会渐渐消磨殆尽。身处职场，一定要克服许多自身的弱点，让自己日渐变得优秀起来，才能够保持工作激情，在职场中如鱼得水，游刃有余。这些扼杀工作激情的“杀手”主要有以下几种：

(1)永远感觉自己不够优秀

这种类型的人患有“职业恐高症”。他们大多很聪明，也有一定能力。但一旦身处领导位置，反而会丧失自信，感觉自己不能胜任。另外，这些人还会感觉自己的职位已经太高了，再低一两级，会更合适些。他们对自己的看法永远是负面的。这会让他们终日陷入苦闷中。这其实是一种性格中的弱点，需要自己突破，自己超越，不要让这样的感觉占据了心灵。

(2)非黑即白看世界

这种类型的人眼中的世界是非黑即白的，许多事情，也是非对即错的，世上的一切都有一个标准的答案。拥有这种想法的人，总是感觉自己在捍卫信念、坚持原则。但是，这些东西，可能别人完全不在意。最后的结果，会变成自己一个人孤军作战。其实，这个世界并不是非黑即白的，还存在大量的灰色地带，看待事情的眼光，要有一个质的转变才可以。

(3)对自己要求太严格

这种类型的人从小就被灌输“你可以把这件事情做得更好”的理念。所以，他们在参加工作后，会不停的工作，不停的努力，一旦稍做休息的时候，他们就会感觉整个人都非常空虚。他们时时刻刻都对自己要求严格，对自己近乎于苛刻。这样做的结果，往往会导致自己最终筋疲力尽。因此，不能对自己要求过于严格，要刚柔并济，懂得适当休息。这样，才会让自己取得更大的成绩，也生活得更加开心。

(4)和气至上

这种类型的人在职场上会不惜一切代价，避免与人发生冲突。为了维持与别人之间的和气，他们会忍气吞声，压抑自己的情绪。这会让他们缺乏面对冲突，解决冲突的能力，到最后，这种解决冲突的无能，会蔓延到自己的工作中，生活中，会让自己失去很多。因此，不要总认为和气至上，什么事都忍而不发，这样并不利于自己的成长。对于这类人的忠告是：在狼群中，如果你是一只羊，至少也要假装成一头狼的样子，才不会被吃掉。

(5)大力压制反对者

这种类型的人男性偏多，他们言行强硬，对待所有反对他的人都不会留情。他们像一架推土机一样，横冲直撞，对于那些敢挡住他们去路的人，他们会毫不留情，一律铲平。这样的人大多不懂得绕道的技巧，最后的结果，往往令自己受到伤害，或遭到失败。想要克服这种弱点，要学会换位思考，多站在别人的角度想一想，多考虑一下别人的感受，再做出合理的举动，成功的可能性会更大些。

(6)天生的叛逆性格

这种类型的人往往会为了某种所谓的理想而去拼命奋斗。他们一般立场明确，喜欢与人为敌。别人说对的，他们肯定说错。处处与人对着干。这会让他们陷入孤立中，身边的人会离他们越来越远，会渐渐断绝与他们的交往。这类人需要做的是好好思考一下，从叛逆的性格中走出来，能够用心去倾听，用心去感受，用心去与人交流。这样，才会让更多的人慢慢地接受并接纳他们。

(7)恐惧当头

这种类型的人是典型的悲观论者，他们往往杞人忧天。他们在做任何一件事之前，首先想到的是负面的结果，这会让他们感到焦虑和不安。这种人做领导，会误导企业方向；做员工，会耽误工作进度。这种过于强烈的恐惧者，做事是很难成功的。美国前总统罗斯福说过："我们惟一需要害怕的，是害怕本身。"因此，这种恐惧当头的人，要学会乐观并且积极地面对生活，面对这个世界，让自己多一些自信，消除内心中的恐惧。

(8)眼高手低

这种类型的人常常会说这样的话，"太简单了，小菜一碟。""交给我吧，没问题。""就这些事情，手到擒来。"但他们真的做事的时候，却又事事难成，总也做不好。这种眼高手低的人，往往给人以喜欢说大话的印象，这是非常招人反感的。其实，拥有这种性格的人，应该学会踏实，学会从最简单入手，走好每一步。这样，才能够得到别人的认可，才有可能一步一步地走向成功。

(9)忽视情绪

这种类型的人往往不了解人性，忽视了自己的情绪。他们似乎是无情的人，没有爱，没有恨，只有日复一日的忙碌。他们与人交谈时，总是单刀直入，把自己要说的话说完，转身就走。他们还会将情绪因素排在自己的决策之外。这种人有些过于冷漠，给人一副冷冰冰的感觉，也容易与人产生距离感。这样的人需让自己的感情重新回到自己的身上，懂得什么是喜怒哀乐，学会与人交流。这样，才能让自己的境遇，有所改善。

(10)迷失航向

这种类型的人，总会在职场的茫茫大海中失去自己的航向。他们如一艘小船一样，飘飘荡荡地在职海沉浮，总也找不到自己的方向，更不要说终点在何方了。这样的人往往多疑，并有一种无力感，认为自己工作中所扮演的角色可有可无，没有一丝归属感的乐趣。他们的职业生涯，也充满挫折。这样的人，应该重新找到自己的价值与自己关心的事，找到自己前进的方向，并且坚定地走下去。

职场中，许多人都或多或少有着这些弱点，正是这些弱点让他们丧失了激情。因此，我们要在自己的职业生涯中，克服这些弱点，找回久违的工作激情，让自己充满激情地工作。这样，我们的职场之路才会更顺利。

5 用热情浇灌每一份工作

著名的哲学家黑格尔曾说："如果没有热情，那世界上不会有一件伟大的事情能够完成！"

美国一家杂志做了这样一个调查，他们分别采访了三组人，第一组是各大公司中的职业经理人和高级管理人员；第二组是各行各业的普通员工;第三组是商学院即将毕业的学生。他们询问这三组人:“您认为一个人的成功,哪一项品质所起的作用最关键?”这三组人共同的答案是——热情。

可见,热情对于工作有着举足轻重的作用。热情的人会充满激情,会认真且自愿做好工作中的每一件事情。任何一家公司,没有哪个管理者不愿意看到员工充满热情。热情高涨的员工能够让公司发展得更顺利。如果员工失去热情的话,那老板一个人再拼命工作也无济于事,只能看着公司在眼前倒掉。

将热情带到工作之中,用热情浇灌每一份工作,工作起来就会满怀激情,感觉不到一丝的辛苦与单调。另外,热情会让一个人充满斗志和活力,能够让你睡眠只有平时一半的情况下工作效率比平时提高两倍。

工作热情是一种高昂的激情,是一种向上的态度,是一种乐观的精神。拥有热情的员工,能够推动自己不断成长,推动公司不断前进。

职场中,许多人正是凭着那份热情,才拥有了百折不挠的执著精神,最终抓住机会成就了自己。工作对每个人都是平等的,在通往成功的道路上都有一样的机会。那些拥有执著和热情的员工,会通过的热情为自己赢得成功。

北京公交公司杰出的售票员李素丽最初的梦想并不是做售票员,而是当一名播音员或主持人。后来,高考落榜的李素丽知道自己的梦想已经无法实现了,于是,她就到60路公交车上,做了一名售票人员。

现实的工作与理想的工作相差太远了。但李素丽并没有轻视这份工作。她将自己的全部热情投在了售票上。

在这个平凡的工作岗位上,李素丽一干就是十几年。不管在什么时候,李素丽总是面带微笑,遇到老人或孕妇,李素丽会主动给他们安排座位。如果有乘客向她问路,她从来不会说“东南西北”,而是会用“前后左右”指路,这样做避免了刚来北京的乘客分不清方向而导致走错路。

另外,李素丽还准备了报纸杂志给路远的乘客。她的真诚与热情打动了每一位乘坐60路公交车的人,也为李素丽赢得了一个又一个荣誉。

虽然李素丽只是一名公交车的售票员,但她却用自己的热情,在这个平凡工作岗位上做出了成绩。看来,只要对自己的工作抱有极大的热情,就会将自己的全部心思扑在工作上,就容易得到别人的高度认可。

著名人寿保险推销员派特正是凭借着对工作的热情,创造了一个又一个奇迹。

最初,派特是一名棒球运动员。他刚转入职业棒球队不久就被球队开除了。临走时,经理轻蔑地说:“以你的水平,再混20年,也不会在棒球界有什么出路!”

派特后来又加入了新球队。在比赛中,派特满怀热情的在场上到处奔跑,充满了活力。当地第二天的晨报对派特做了如下描述:“这位新加入的球员,是一个充满活力的、热情的家伙。他球技高超,是个优秀的球员。”由于对职业的热情,派特的工资由原来的25美元涨到了185美元。后来,他的薪水加至原来的30多倍。当别人问起派特为什么有这样成就的时候,他只回答了一句话:“没有什么,就是因为一股热情。”

后来,因为手臂不慎受伤,派特告别了职业棒球生涯。离开棒球场的派特来到了一家人寿保险公司当推销员。他凭着自己的热情与周到,很快成为了保险界首屈一指的精英。

后来,派特总结自己的人生经验时这样说道:“我见过许多成功的人,他们由于对工作充满热情,使自己的收入成倍增加;同时,我也见过许多失败的人,他们由于对工作缺乏热情而最终走投无路。因此,热情的态度是我成功的主要原因。”

可见,热情是战胜困难的法宝,能够让人充满力量,促使人不断前进,走向成功。可是,能够将热情保持住并不是件容易的事,随着时间的推移,人的热情也会慢慢消失。因此,能够保持住自己的工作热情,是一件很重要的事情。

很多人之所以无法保持住自己的热情，主要是缺乏一个正确的工作态度。想要成为一名优秀的员工，千万要对自己的工作怀有热情。你在职场上表现的有多热情，你成功的机会就有多大。想要将自己的热情保持下去，可以从以下几个方面去努力：

(1)多与热情的人接触

俗话说："近朱者赤，近墨者黑。"多和热情洋溢的人接触，你自然会被他们的情绪所感染，自己也成为他们中的一员。

(2)用梦想激励自己

只要没有丢掉梦想，就没有丢掉希望。当你在职场遇到烦恼时，用梦想来激励自己，时刻告诫自己不要丢掉宝贵的热情。

(3)适当调节精神状态

每个人都不是天生的乐观者或悲观者。人的心境和情绪是可以调节的。因此，在工作中，你可以将自己的精神调整到最佳状态，用自己的热情去浇灌你所从事的工作。

6　工作是人生的另一种享受

很多人只在乎累累硕果，但是，却忘记了这个结果需要经过春天的开花，夏天的成长。在工作中也是这样，很多人的成功结果，早已蕴含在奋斗的过程当中了。

工作是人生的一种过程，同时也是一种快乐，如果我们把工作当成是享受人生过程的一种经历，那么，不管这种过程是甜美还是酸楚，我们都会对它怀着一种好奇的心情就体验。

对于身在职场的人来说，最有价值的事情，就是从工作中获得快乐，著名科学家爱迪生曾经说过，在他的一生中，从来没有感觉自己是在工作，一切都是对他的安慰。

有一位美国记者去墨西哥采访。这天，他来到一个集市上，看到许多本地人在贩卖自家的食品和土特产。在这位记者不远处，有一个卖柠檬的老太太。她的柠檬卖五美分一个，可是却一直没有人问津。

记者很同情那个老人，于是，他走过去，对老太太说："你的柠檬我全买了，一共多少钱？"谁知这位老太太并没有表现出高兴的样子，她对这位记者说："卖柠檬是我每次来集市上的工作，不管卖多卖少，我都能从中体会到一种工作的快乐。如果一下子全都卖给你，我就体会不到其中的快乐了。对不起，我不能全卖给你。"

老太太的话令人深思，在当今社会中，能够从自己的工作中找到快乐的人的确不多，也许是因为社会给予他们的压力太大，使他们感受生活的心变得迟钝起来，没有能力从工作当中找到应有的乐趣。因此，在工作中找不到创新的灵感，没有了突破困境的勇气。

很多人每天身在一个公司上班，但是每天下班都是对老板的一番怨恨，情绪很不稳定，工作给他们带来的是一种包袱，如果这样的话，自己得不到快乐不说，工作上也很难有发展空间。不如换种思想，如果没有这份工作，可能就没有饭吃，如果没有老板雇佣我，可能连生存的能力都没有，试着每天用一种感恩的心情去面对工作，面对老板和同事，那么也许会从工作中得到快乐，情况也会有所改观。

中央电视台曾启动了"2005CCTV 中国年度雇主调查活动"，通过对互联网网民和线下的 50 多万份调查报告显示，有六成以上的人觉得在工作过程中不快乐。在"挣钱多少"、"工作压力是否大"、"工作是否能体现自己的能力和价值"、"公司的管理是否有序公平"、"在工作中是否得到尊重"、"能否学到东西"、"是否有发展的机会"、"和上司的关系是否融洽"、"公司气氛是否友好有人情味"九大问题的调查中，"工作是否能体现自己的能力和价值"高居榜首，"是否有发展的机会"紧随其后，"公司气氛是否友好有人情味"则夺下探花之位。这样的排名足以证明现代职场人士对于成就感、成长感与归属感的重视程度，对于幸福与快乐的追求，成为员工工作的重要动力。很多公司响应此次调查倡导的“快乐工作日”活动，在“快乐工作日”中，百度员工躺进按摩椅接受专业医师的按摩，星巴克老总为员工斟咖啡，上海大众的员工对着总裁的大门狂踢……

员工不快乐的企业，多数止步不前甚至倒退，而那些环境宽松的企业则常常蓬勃发展。员工快乐指数越高，企业越有活力。不快乐的员工在疲惫中应付，快乐的员工则在激情中创造。就算一个生产线的装配工，心情愉快与否都也影响到工作质量，更不用说那些需要发挥创造性劳动的工作岗位。

因此只有在工作中找到快乐，才能发挥自己的潜能，给企业带来效益，同时也是给自己带来更好的发展。

虽然工作并不是一个人的全部，但大多数人还是认为，它的确可以左右一个人的生存质量。如果工作的不开心，生活也会不开心，如果工作快乐，生活就会变得幸福。

聪明的职业者总是懂得如何让自己更快乐，当有些人还陷入自寻的痛苦中，备受煎熬的时候，他们已经在享受人生简单而直接的快乐了，看花开花落，草长莺飞，何尝不是一种人生的幸福啊。能够在工作中寻找到快乐的人，才是真正懂得工作的人。那些不能在工作中寻找到快乐的人，永远都是紧锁愁眉，一副心事重重的样子。

工作是人生必须经历的一个阶段，即使你的处境并不如意，也不要讨厌自己的工作。那些讨厌自己工作的人，不会在工作中寻求到一点儿快乐，这样的人会在忧愁与烦恼中日渐消瘦与衰老。因此，你应该学会在枯燥的工作中找到隐藏着的那层快乐。这样，你就会以积极的心态去面对一切即将发生的困难与挫折，迎接每一个挑战。

如果你是一个有心人，可以通过工作来实现自己的人生价值，通过工作来增长自己的职场经验，通过工作来加强自己的自信心。你对工作投入得越多，工作效率就会越多，你就会越快乐。反之，你会觉得工作是件苦差事，对工作产生反感。如果你拥有一颗敏感的心，会在工作之中发现许多隐藏的快乐。当然，对在工作中发现快乐的人，大多会有一个圆满的职场人生。

7 做自己情绪的“管家”

人的一生总会遇到一些坎坷波折和各种各样不顺心的事，这些状况常常使人们情绪低落，精神不振，开始忧虑起来。忧虑是什么？是坐卧不安、是焦虑、是担心、是无法入睡，是一系列没有解决的问题……尽管有些忧虑其实没有多大必要，但总有些人跟它们纠缠不清，让它们困扰了自己的内心，打乱了原本平静的生活。当这种情况发生的时候，你不妨尝试一下集中摆脱忧虑的方法，以防它继续侵蚀你的时间和精力。

忧虑使人们没办法真正冷静地应对问题，甚至还会导致整个行动的失败。这就要我们摆脱掉忧虑，轻装上阵，尽力挖掘自己的潜力，就很容易将难题解决，创造出意想不到的奇迹。

赶快把自己从忧虑中解放出来，全力向自己的目标奋斗，你就会发现你还有许多潜力等待你的开发！

赶走了忧郁后，情绪就能够比较稳定了。但是，隐藏的另一个杀手也会不时出现，扰乱你的心情，这个杀手就是——火气。

工作中，经常有人为一些小事而生气，动不动就大发其火，其实他们也不想这样做，但就是控制不了自己的心情。

从前，有个妇人，脾气非常暴躁，一遇到不顺心的事情就乱发脾气，所以与周围的邻居、朋友都相处得很不融洽。她因此对自己也非常恼火，想改吧，一时又改不了，于是终日闷闷不乐。

当她的一个好朋友了解到妇人心中的苦闷之后，便建议她去找南山庙里的一个老和尚，听人说这个老和尚是一个得道高僧，也许会对这位妇人有所帮助。

于是，她满怀希望的去找那个和尚。对这位老和尚说出了自己心中的苦闷："我总是不能够控制住自己的情绪，很容易生气、对周围的人发火，我很困惑这是为什么呢？"大师将这位妇人带进一间柴房并迅速锁上了门，然后转身离去。妇人一看老和尚将自己锁在了柴房内，气就不打一处来："你个死和尚，为什么把我关在里面啊？快放我出去……"

骂了很久，直到她感觉口干舌燥、说不出话，高僧也没有理会。妇人又开始了哀求，高僧仍对其置若罔闻，最后妇人总算是沉默了。高僧来到门外，问她："你现在还生气吗？"

妇人回答说："我现在对我自己很生气，为什么会到这鬼地方来受罪。"

"连自己都不能原谅的人怎么能够原谅别人呢？"高僧拂袖而去。

过了许久，高僧又来问她："现在还生气吗？"

"现在不生气了。"妇人回答说。

"为什么呢？"

"生气也是毫无用处的啊。"

"这样看来你的气还没有完全消逝，还压在心里，爆发以后仍会很剧烈。"高僧说完又离开了。

当高僧第三次来到门前时，妇人立即上前说："我现在一点儿不生气了，其实这些并不值得生气。"

"还知道什么叫不值得呀，看来心中还有衡量，你的气根还是存在的。"高僧笑着说。

当高僧迎着夕阳站在门外时，妇人这样问高僧："大师，何为气呢？"

高僧把手中的茶水倾洒在了地上。妇人看了很久以后，终于明白，叩谢后回去了。

这个故事说明，很多时候我们认为是别人伤害了我们，可从来都不知道从自身找原因。

人生是短暂的，所以，工作中不要因一些鸡毛蒜皮、微不足道的小事而耿耿于怀，为这些小事而浪费你的时间、耗费你的精力是不值得的。英国著名作家迪斯雷利曾经说过：**“为小事生气的人，生命是短暂的。”**如果你真正理解了这句话的深刻含义，那么你就不会再为一些不值得一提的小事情而生气了。

在繁忙的工作中，我们应该尽可能地把所有时间和精力花在那些有价值和有意义的事情上，为琐碎的小事火冒三丈的人是愚蠢、可笑的。与同事友好相处可以使你的工作效率在不知不觉中提高，因为在竞争日益激烈的今天，一个人奋斗是很难有所成就的，团队合作被越来越多的管理人员所重视。协调好人际关系，就是一切顺利进行的前提。要和别人很好地相处，首先要学会合作，学会共事。如果你和同事的关系维持得很好，甚至对他们有一定的影响力，你就会得到同事对你的信任，也会得到上司更多的信任。如果你能够不随便为琐碎的小事火冒三丈，与同事和睦相处，相信你的同事会在关键时刻无怨无悔地协助你完成任务，给你带来莫大的帮助。

因此，只要我们能够在生活中，学会做自己情绪的“管家”，管理好自己的情绪。为了避免不良情绪影响自己，可以注意从以下几个方面做起：

(1)尽量减少情绪的波动

尽量不要将消极的情绪带到工作中。虽然工作中会有许多事情能影响到你的心情，但要及时做好自我调整，不要让消极的情绪主导你的心情。

(2)处理好同事间的关系

身在职场，不管对自己喜欢的同事，还是对自己讨厌的同事，都要学会处理好与他们的关系。同事之间关系和谐了，你的心情自然会好起来。

(3)学会转移自己注意力

当工作中某件事情影响到你的心情时，你要学会将自己的注意力从这件事上移开，以避免让这种不良的情绪蔓延。

8 当心职场上的“职业病”

随着工作年限的增加和工作压力的增大，许多职场上的人都容易对工作产生厌倦，不想做任何事情，整天即使坐在那里不干事都会感觉累。这种现象被称之为“职业厌倦症”。这种症状正在影响着人们的工作效率和身体健康。这种症状又称为“职业枯竭症”或“心理枯竭症”，是一种在沉重压力下所产生的心理疾病。

在工作的过程中，你也许会不时的感到无精打采，情绪低落，由此导致注意力难以集中，工作效率低下。这种状态正是职位厌倦症的集中表现。

李为在一家著名的IT公司做产品研发工作。他在这家公司已经做了7年了。最近一段时间，李为总是感觉心烦气躁。只要一坐到电脑前面，肯定提不起一点精神。每天一到公司，就感觉麻烦，总想着回家休息。但奇怪的是到了周末晚上，他又睡不着觉。周六很早起床都没有一点困意，反而精神非常好。李为站在阳台暗想：“为什么自己休息的时候一切正常，一上班情绪就反常呢？”

想来想去，李为怀疑自己精神上出了毛病，很有可能是患上了精神衰弱症。他便去看心理医生。但心理医生却告诉他，他精神上没有一点毛病，就是有一点职业厌倦症。

一听说自己没什么毛病，李为一下子放松了。他从来没有听过什么职业厌倦症，在他看来，这不算什么，就根本没有在意。

可是，第二周上班的时候，李为还是和上周一样，提不起半点精神，整个人烦躁不安。他产生了辞职的念头。可是，对于他这样的打工者，虽然收入不算低，但如果失去工作的话，就没有了任何的经济来源。李为在左右为难中熬到了40岁便提前退休了。

职场中有许多像故事中李为这样的人，他们也有和李为一样的症状，这是一种病态，应该及时治疗。那些职场中的年轻人，或者对工作充满激情的人们，千万要注意保持下去，别让自己患上这种心理疾病。

对于大多数职场中人来说，职业生涯中大致分为四阶段。

第一个阶段是职场蜜月期。这个时期的人由于参加工作时间不长，对周围的一切都有一种好奇感和新鲜感，这个时候一般会活力十足，干劲很高。在这个阶段的人通常是不知疲倦的，会通过拼命工作来打发一天的时间。

第二个阶段是工作适应期。这个时期的人，对职场已经失去了最初的新鲜感，已经逐步熟悉了工作流程。此时，需要做的，就是要适应周而复始的工作，学着忍受工作中的枯燥与乏味。之后，就会成为一个真正的职场中人。

第三个阶段是心理矛盾期。这个时期已经适应了工作环境，熟悉了工作流程，也独立做了一些项目。在工作中，或多或少会遇到一些自己难以解决的困难。面对这些困难，由于没有经验，不知如何去解决，个人的自信心在这个阶段极容易受到打击。

第四个阶段是心理厌倦期。这个时期的人已经工作多年了，该经历的都经历了，对周围的人或事已经习以为常了。早已经练就了一身“百毒不侵”的本领。因此，这一阶段的人对于身边的一切都显得漠不关心，极端冷漠。

当一个职场人士进入职业厌倦期时，心理上就已经不正常了。这类人士，早已失去了工作的激情，在工作中找不到丝毫乐趣了。如果你正处在这个阶段或是染上了这种病症，应该学会在工作中寻找一点刺激，为自己设定一个目标来激励自己。

当你患上了这种“职业病”时，应该学会通过自己的调节来消除它，不让它对你造成危害。针对这种症状，下列的几种方法是有效的治疗“良方”。

(1)在工作中不断创新

平凡的日子过久了就会麻木,平凡的工作做久了就会厌倦。如果你能在自己的工作过程中试着去创新,通过创新来提高自己的工作效率,这可是一举两得的事情,这会让你产生一种成就感,从而在工作中找到乐趣,让久违的工作激情重新回到你的身上。

(2)不断进行自我调节

工作要努力,休息要彻底。不要在工作的时候想着休息,更不要在休息的时候想着工作。当工作一段时间之后,出去度个假,放松一下自己的身心,以达到缓解压力,舒展情绪的目的。同时,定期做体检,以便让自己的身心时刻保持在一个健康的状态。

(3)学会设定工作目标

没有目标的航船容易失去方向,没有目标的人容易迷茫。因此,学会为自己定一个工作目标,这样心中就会有一个奋斗的方向。一个有了奋斗方向的人,就会充满激情地工作,在工作中将自己的个人价值淋漓尽致地展现出来。

(4)做好自我职业规划

之所以会产生职场厌倦症,就是缺乏一个科学的职业规划。如果有了职业规划,就会有一个工作的依据。然后,按照自己的规划一步步去实现自己最终的梦想。这样的人会在工作中感受到成功的快乐,自然就不会对工作有丝毫的厌倦了。

第九章　拥有乐业精神——平凡的是工作，平庸的是工作态度

1 在工作中寻找乐趣

于娜从小的梦想就是做服装设计，但大学里她的专业是会计，毕业后在一家企业做出纳，5 年的时光过去了，她仍不见升职长薪的苗头，经过苦苦思索后，她决定利用业余时间去学习服装设计，两年多坚持不懈地努力，使她完全具备了自己的设计风格。一天一位女客户来于娜所在的公司洽谈业务，无意中，她问起了于娜身上的套装是从哪里买的，等她听于娜说是她自己设计、自己缝制出来的时候，她禁不住惊叹起来，然后立刻邀请于娜去她的服装公司担任首席设计师和设计顾问，月薪 1 万多元，几乎是于娜一年的工资，她因为做了自己感兴趣的事情，找到了工作中的乐趣，于娜终于度过了她的职业“冬眠期”。

如果选择一份自己不喜欢的工作，而又无法在工作中找到乐趣的话，工作对自己来说只会是一种苦役，那么就会产生抵触的心理，这终究会导致自己失败。不如，找个能够为自己带来乐趣的工作，把工作当作是种享受，才能在工作中有所突破。

在一个人的生命中，有三分之二的时间都是在工作，都是在做些重复性的工作，日渐久之，工作就会变得枯燥和乏味，那么唯一能解决的办法就是在工作中寻找乐趣。如果一个人能够在工作中找到乐趣，那么他做事会变得更有激情，做事也越容易成功。

王娟和项微微都是刚刚步入职场的新人，他们同在一家电信公司做客户服务员，每天接电话回答客户几乎相同的问题。王娟因为觉得很无聊，她和同事之间也很少沟通，工作了两个月，还没和同事说上几句话。她后来实在无法忍受工作的无聊，三个月后就走人了。

一个月之后，她又到一家银行做电话销售员，可她发现电话销售实在很难做,听到最多的回答就是:“真讨厌,不要再打电话来了。”于是每天上班,想着将要开始的“电话旅程”,她就止不住地想逃避。可是,为了生活,她又不得不硬着头皮去上班。

然而,项微微把每个电话都当作是帮助客户解决问题,觉得自己每天帮客户解决了好多问题,于是很有满足感,她觉得这是种享受,因此每次接电话都是面带微笑,很高兴很耐心地给客户解决,有时候客户听到她甜美而高兴的声音,本来很生气想投诉问题,最后有的都不投诉了,过了不到半年,项微微得到了公司的认可,就被破格升为了主管。

在职场中有很多人都像王娟这样,对于他们而言,工作就是混口饭吃,打发时间,甚至说是一种痛苦,而只有把工作当作是种享受,把每件平凡的工作都做得不平凡,才能使自己工作得开心,才能把工作做得有声有色,才能不断的突破自己。

据调查,世界上几乎所有身在职场中的人都会有工作厌倦期,到了一定阶段,就对工作丧失了兴趣,缺少了进取的精神和动力。但是发现,犹太人却很少有这种现象,因为他们都很积极乐观,即使再枯燥的工作,他们也能做得有声有色。原因在于他们很会调节自己,很会转换思维,能从枯燥乏味的工作中找到阳光。

在犹太民族中流传着这样一个故事。

桑德拉比生前善良而又热心助人,所以在他死后升上天堂,做了天使。他当了天使后,仍时常到凡间帮助人,希望能感受到幸福的味道。有一天,他遇见一个农夫,农夫的样子非常烦恼,他向天使诉说:“我家的水牛刚死了,没它帮忙犁田,那我怎能下田劳作呢?”于是天使赐给他一头健壮的水牛,农夫很高兴,天使在他身上感受到了幸福的味道。

又有一天,天使遇见一个男人,男人非常沮丧,向天使诉说:“我的钱都被骗光了,没有盘缠回乡。”于是天使送给他银两作为路费,男人很高兴,天使在他身上也感受到了幸福的味道。

又一日，天使遇见一个诗人，诗人年轻、英俊、有才华而且富有，其妻子貌美又温柔，但他却过得不快乐。

天使问他："你不快乐吗？我能帮你吗？"诗人对天使说："我什么都有，只欠一样东西，你能够给我吗？"天使回答说："可以。你要什么我都可以给你。"诗人直立地望着天使："我想要的是幸福。"这下子把天使难倒了，天使想了想，说："我明白了。"然后把诗人所拥有的都拿走。天使拿走诗人的才华，毁了他的容貌，夺去他的财产和妻子的性命。做完这些事后，天使便离去了。

一个月后，天使再次遇到诗人，他那时已饿得半死，衣衫褴褛地躺在地上挣扎着。于是，天使把他的一切又都还给了他，然后转身离去。半个月后，天使再去看这个诗人。这一次，诗人搂着妻子，不停地向天使道谢，因为他得到幸福了。

这个故事中的诗人拥有了美貌、才华和娇妻，已经是很幸福的事情了。但是他长期生活在这种氛围中，已经麻木了，于是感受不到自己的才华，也看不到妻子的美貌。而桑德拉比所做的就是帮他擦亮眼睛，让他重新看到这一切。而工作中又何尝不是这样？你要想想：如果我没有这份工作，那么我的孩子就没法去上学。如果没有这份工作，我拿什么给恋人买玫瑰花呢？如果没有这份工作，我的价值又何在呢？

因此在工作中，要不断地去释放心情，调整好自己的心态，在工作中不断的寻找乐趣才能使工作做得有声有色。

2 敢于挑战自己

在这个竞争激烈的时代，我们不仅要受到外界带来的压力，还要经常受到自身的挑战，如果想要在社会上立足，给自己争取到更好的生活，我们就必须不断地战胜自己，让自己不断地得到提高，同时只有敢于挑战自我，敢于施展才华，充分挖掘潜能，就一定能够发现一个全新的自我，才能开创出一片崭新的天地。

1972年,罗杰斯尔高中毕业,他想找份工作,打算从销售工作开始。他梦想拥有公司配的又新又好的汽车,并打算拥有一份薪水,外加佣金和奖金,每天西装革履地上班,还有出差机会。

一天,罗杰斯尔偶然发现了一则招聘广告:一家出版公司的全国销售经理要在本城待两天,只为了招聘一位负责4个州内的各书店、百货公司和零售商的业务代表。罗杰斯尔梦想在将来成为作家或出版家,所以"出版"二字对他来说是有吸引力的。广告又说,月薪2000美元到2500美元外加佣金、奖金、公务费和公司配车。这正是他梦寐以求的工作。

然而,不幸的是,他去面试时,那位全国业务经理很客气地向他解释,他不是他们要找的人。一是罗杰斯尔太年轻,二是他没有工作经验,三是他没念大学。这份工作显然是为年龄在30到40岁之间、大学毕业并具有相当丰富经验的人准备的,高中刚毕业的他显然不适合。该公司有几位应聘者待定。罗杰斯尔竭力毛遂自荐,但招聘者态度坚决——他不够格。

这时,罗杰斯尔亮出了绝招。他说:"你们这个地区空缺商务代表已经两个月了,再空缺两个月也不至于要命吧。看看我的主意:让我做两个月,我不要工资,还开我自己的车。如果我向你证明胜任这份工作,你再以半薪雇我两个月,不过我要全额佣金和奖金,还得给我配车。如果这两个月我仍胜任这份工作,你就用正常条件录用我。"

业务经理听完罗杰斯尔的一番话,点头微笑了,他被破格录用了。罗杰斯尔的表现并没有让他们失望。在很短的时间内,罗杰斯尔凭借自己的努力重组了销售流程,短期内,在销售很难打开局面的地区,让很多新客户的摊位上摆满了他们的产品。

罗杰斯尔的工作卓有成效,两个月以后,罗杰斯尔有了公司的配车、全额工资、全额佣金和奖金。

可见,每个人都应该有“学海无涯、持之以恒”、“敢为人先、开拓进取、挑战自我”的精神,才会拥有更多的机会。人生在世,就必须经常接受命运的挑战。不管结果是胜利还是失败,我们都要做到“胜不骄,败不馁”,继续勇往直前。正如林肯在竞选参议员失败后说的那样:“此路艰辛而泥泞,我一只脚滑了一下,另一只脚也因而站不稳。但我缓口气,告诉自己:‘这不过是滑了一下,并不是死去而爬不起来。’”

其实,每个人都会在职场中面对不同的“难题”或“问题”,每个人都会经历困难,失败者有失败者的问题,成功者有成功者的问题。而成功者所遇到的问题,绝对比失败者的问题多,每个人都有他自己的问题需要解决和处理。

成功者之所以能够成功,最主要的原因是他们敢于挑战自己。敢于在自我挑战中承认自己的缺点和不足,并加以改正,最终走向成功;失败者从来不敢面对自己,更不会正视自己的不足,他们总是为自己编织着美丽的谎言来安慰自己。当谎言被揭穿的时候,也是他们一败涂地的时候。

只要我们敢于正视自己所面临的问题,勇敢地去挑战自己,战胜自己,你就向成功的大门迈近了一步。

当我们羡慕那些在社会上有地位的成功人士时,也要深思一下,他们之所以能够成功,很大程度上取决于他们勇于挑战“不可能完成的工作”的那种勇气。

伟大的希腊演说家德漠克利特因为口吃而羞怯。他父亲去世前留下一块土地,想使他富裕起来,但当时希腊的法律规定,他必须在声明土地所有权之前,先在公开的辩论中战胜所有辩论的对手才行。

由于口吃加上害羞,使德漠克利特在辩论中惨遭败北,父亲留给他的土地也成了别人的。从此他开始发奋努力,创造了人类空前未有的演讲高潮。历史忽略了那位取得他土地的人,但是,一连好几个世纪,世界各地的学府中,都在讲述着德漠克利特讲演的故事。

通过德漠克利特战胜自己的故事，我们可以得出一条结论：要想克服危机，就要挑战自我，战胜自我。我们应该时时以自己为对手，直面自己，战胜自己。这样，才能使自己强大起来，永远立于不败之地。

3　拒绝诱惑，做该做的事

在现代职场上，每个人都时刻面临着各种各样的诱惑。面对这些诱惑，我们需要有一个鲜明的态度——拒绝。我们要懂得拒绝这些诱惑，做自己该做的事情。只有拒绝了各种各样的诱惑，我们才能投入更大的精力去工作，才能体会到工作中的快乐。

然而，在网络盛行的今天，许多职场人士能够看到的世界更大了，能够感受到的诱惑更多了。在这些诱惑面前，有些人可能会“投降”了。于是，他们终日沉迷于酒吧、迪厅这样的娱乐场所而忘乎所有。熟不知这些东西只是在工作之余消遣之用，职场的重点不在于此，人生的重点也不在于此。如果不能够将自己的工作与日常娱乐消遣区分开来，那么或许你就会最终走向沉沦。

不能拒绝诱惑，使自己沉迷而导致时光虚度的人，往往缺乏自我约束，对自己要求不严格。一个缺乏自律的人，做起事来必定朝三暮四，毫无条理，致使一切目标化为泡影，同时浪费大量的时间。在做事之前，你必须精心地制订目标和标准，这样工作就有了一定约束的基础；然后你要规定完成的最后期限，强迫自己按计划行事；接下来在执行的过程中，你要时刻强制自己努力完成工作，不断检验工作的完成情况，保证工作的及时完成。总之你要尽量拒绝诱惑，慢慢养成专注的工作态度，从而有效利用时间，在最短的时间里创造最大的效益。

想要拒绝诱惑，最重要的一点，就是专注于当下，这样，你就会集中心思，不会胡思乱想一些没有用的事。

一位哲学家旅行时经过一片荒漠，眼前尽是一片荒弃的废墟。哲学家停顿下来想休整一下行装，于是把一座双面神像的石雕扶正，然后坐下来。望着在历史的长河里淘汰下来的城市遗址，想像这里曾经有过的悲欢离合，他不由得感慨万分。

突然，坐下的双面神问到："朋友，你为何感叹啊？"

哲学家很好奇这个神像为什么会有两幅面孔，于是便说出了自己的疑问。

双面神回答说："因为这样我可以用一副面孔察看过去，吸取曾经所犯过错误的教训；另一副面孔则可以展望将来，描摹无限美好的蓝图。"

哲学家听完神像的解释，说："过去只是现在的残存，无法也没有必要再挽留；未来是现在的预演，一个人没办法提前迎请未来。唯有你不放在眼里的现在，才是真正能把握住的。如果放弃现在，即使你能对过去、未来了如指掌，那又有什么用呢？"

双面神听了哲学家的一番论述，感慨万千，他说："朋友，直到今天，我才明白自己失败得如此悲惨的原因。很久以前，我是镇守这座城池的主神，我自夸自己的能力，我有两个面孔，一个面能了解历史，一面又能预知未来。但是，我唯一不能掌握的就是现在。就是因为我有这个致命的弱点，当敌军进攻的时候，我无力守住城池，我的城池就这样被敌人消灭了，我的神庙也变成了一片废墟。"

苏格兰散文及历史学家汤玛士喀莱尔曾写道："我们该做的不是看着远在天边的东西，而是做已经在手上的事。"把注意力全部放在眼前的事情上来，全神贯注地投入每一瞬间，它能把每一个寻常的经验变成一个个真实的刹那。

当你全神贯注，你的感官高度地灵敏，你的意识无比细腻清晰，这时，你就能充分捕捉和感知周围的一切，让自己受影响，让自己感动，并深深地品味此刻的种种美妙。

当你百分之百地投入到当前的这一瞬间的时候，你生命中的这一瞬间将变得充实、丰富、有趣、富含力量而且特别神奇。我们经常欣赏小孩子的无邪和快乐，他们之所以令我们羡慕，是因为他们把自己完全沉浸在当前的时间里。不管是玩过家家、画画、游戏或者是从事任何其他的事情，他们都能全神贯注。所以他们的感受才最丰富，他们的快乐也才最多。

专注于某一刻，哪怕就是在你粉刷房间的时候，每刷一下，都会让你感觉到快乐：就是你应该享受迎面的清风、聆听枝头上小鸟的歌唱……

专注于某一刻就是当你在做某一件事的时候，不要试图为另一件事做计划。当你在做这件事的时候，也不要去想那件事。不管你想做什么，尽力把它做好就是你的全部工作。

当你和别人谈话的时候，就一心一意谈话；当你工作的时候，就专心地工作。哲学家亚当斯曾经说过："再大的学问，也不如聚精会神来得有用。"只有有意识地清除头脑中分散注意力、产生压力的想法，才能使你的思维完全进入眼前的工作状态。把你的注意力集中在最需要你关注的事情上，专注当下，就可以促使你的工作更有效率。

不管是在工作中还是在生活中，我们如果能够学会专注地去对待某件事时，就能够拒绝眼前的诱惑，让自己更清醒。而拥有一个清醒的头脑，是一个人获得成功的最基本保障。如果我们都能够清醒地面对自己眼前所发生的一切，那我们就离成功不远了。

4　懂得给别人一个台阶

俗话说：金无足赤，人无完人。在职场上，每个人都有可能会犯错误。很多时候，犯了错误会让人陷入尴尬的境地。此时，如果能够给别人一个台阶，让他们不至于人前出丑，这样不但会引起对方的感激，还能显示出你宽大仁慈的性格。

给对方一个台阶下，能显示出你的良好修养和宽大胸襟。只有襟怀坦荡、心中有爱的人，才会注意别人的感受，时刻给对方一个台阶。大多数人在自己受到委屈和伤害的时候，都想要与对方大吵大闹一番，这样做的结果会让双方都陷入难堪的境地。虽然说给对方台阶下是一种宽容，是有限度的，但最大限度地给对方以宽容，大多数情况下依然能挽回对方的心。

给身边同事一个台阶，往往能够赢得职场上难得的友谊和信赖。给对方一个台阶，常常是拥有友谊的开始，也是自己走向成功的开端。

在同一间办公室里，如果同事之间的年龄、资历相仿往往是件令人烦恼的事情。因为大家会时常将两个人进行对比。本来，两个人素无恩怨，没有任何瓜葛，但由于被大家比来比去，两个人也会慢慢视对方为敌人，有了心结。其实，办公室里的同事之间，彼此本来就是既有竞争又有合作的关系。不妨换个角度来看待这个问题，用健康的心态去面对彼此的竞争关系。当你的同事能力越来越强的时候，这会在无形中加大你的压力，会让你更加努力，在潜移默化中提升你的能力。在全球一体化的今天，我们看待事情不能将自己的眼光局限在一个屋檐下，不能仅仅看到本公司的同事，应该将全球同业行的所有精英都看成自己的竞争者。如此，你才能不断地努力，不断地进取，不断地提高自己的水平。而你之前当成“冤家”来争得你死我活的同事，此时你也会淡然看待与他之间的竞争。当他有了错误的时候，你也不会急着一棍子将他打死，而会宽容地给他一个台阶下。

当然，那些在工作中不懂得给别人台阶下，喜欢到处排斥别人的人，也一定会遭到别人的排挤。另外，如果你将同事当成阻挡自己前途的“拦路虎”，总想将其除之而后快，你也一定会得到对方的报复而难以在办公室立足。因此，对于在办公室里与自己一起工作的人，不妨尝试赞美他们，与他们处好关系，或者请他们帮个小忙，或者与他们单独喝点小酒，这样往往能够增加彼此的信任，化解双方的敌意和矛盾。当然，如果你的同事碰到有哪些尴尬的事情，你能够在适当的时机出现，给他们一个台阶，让他们渡过难关或脱离窘境，那他们会对你感激不尽，会对你产生真诚的信任。这样，在以后的工作中，你会和他们相处地非常融洽。

给别人一个台阶，对自己而言是举手之劳，而对别人来说，则是一个莫大的帮助。这种做法其实可以让许多职场上的朋友学习和借鉴。在职场上，没有人会永远不犯错误，犯了错误的人本来就非常尴尬了，此时再火上浇油，势必会引起对方的反感。而给对方一个台阶，则是这种情况下最好的选择。

宋华和赵一凡都是刚刚毕业的学生，在一次招聘会上被同时招进了一家生产家具的公司，开始担任电子数控方面的技术人员。因为在毕业时间、学历和技术、技能方面，两个人都差不多，无形中成了一对竞争对手，可宋华在竞争的过程中，还是抱着一种宽容和大度的态度来与自己的这位同事和谐地相处。

有一次，赵一凡在工作的过程中，因为偶然的失误，把一组急需要的数据弄丢了。当主管向他要数据时，赵一凡说刚刚丢了，还没有等赵一凡解释，主管就有些生气地开始责备起了他，恰好宋华也刚刚在场，便帮他开脱说："我们两个刚刚发现那组数据，如果用过去的那种传统方法收集，误差太大，不利于加工的准确性，因此放弃了，想重新计算一番。"主管这才压下了怒火，让宋华协助赵一凡继续整理那些数据，因为这次事情，赵一凡对宋华最初的敌视态度转变成一种工作中的友谊了。

在实际的工作中，我们要体谅别人，大家都是出来打工的，都不容易，没有必要非得置对方于死地。因此，彼此间的融合与宽容，这本身就是给对方找台阶的一个行为。

郑龙在一家企业做销售。有一次，他和自己的上司一起外出办事儿。上司人非常不错，风趣幽默，为人和善，有许多值得学习的优点。可是他也有一个不为常人所知的小毛病——晚上睡觉爱打呼噜，而且打起来声音非常大。这个小毛病对上司自己来说影响不大，但对于与他同住一屋的郑龙可就近乎于折磨了。因为对方是上司，郑龙只有慢慢地适应。之后的几天，随着和上司交往的逐步深入，郑龙这才体会到了上司的苦恼：就为睡觉打呼噜这个事情，上司的老婆没少冷落他，因此，郑龙开始体谅上司。奇怪的是，当郑龙体谅上司之后，上司的鼾声在郑龙看来并不是折磨了。郑龙反而羡慕上司能够睡得那样香甜。郑龙从心理上理解了上司，并与上司成为了朋友。上司在以后的工作中也给了郑龙许多关心和帮助，郑龙也因此而逐步在公司站稳了脚。

现代职场，普遍存在着竞争与合作。我们想要在职场立足，只有时常站在别人的角度，适当给别人以台阶，才能获取对方的信任和支持。而有了同事们的支持和帮助，自己在工作中，也会更加顺风顺水，一路畅通。

5 岗位可以平凡，但绝不能甘于平庸

工作是不分贵贱的，无论是多么平凡的行业，多么平凡的岗位，都有做得杰出的人，都有将他做得不平凡的人，因此无论你从事的是多么平凡的工作，都应该重视它，努力地将它做好，如果你真诚地对待自己的工作，那么工作就会给你得到你想要的，如果你不好好对待它，那么，它就会让你永远平庸。

在职场中，也有一部分人总是在抱怨自己的工作、抱怨自己的老板，因此无法全身心地投入到工作中来，他们做事得过且过，只是为了生存才来工作，这样的态度对待工作的人，不管在任何岗位上都不可能做出成绩来。

美国独立企业联盟主席杰克·弗雷斯从 13 岁起就开始在他父母的加油站工作。弗雷斯想学修车，但他父亲却坚持让他在前台接待顾客。当有汽车开进来时，弗雷斯必须在车子停好之前，就站到司机门前热情地招呼，然后去检查油量、蓄电池、传动带、胶皮管和水箱。

弗雷斯注意到，如果他干得好的话，顾客大多会继续光顾。于是弗雷斯总是多干一些，帮助顾客擦去车身、挡风玻璃和车灯上的污渍。有一段时间，每周都有一位老太太开着她的车来清洗和打蜡。但是，她的车内电路板凹陷得很深，很难打扫，而这位老太太又极难打交道。每次当弗雷斯给她把车清洗好后，她都要再仔细检查一遍，如果发现有一点不干净的地方，就会让弗雷斯重新打扫。

终于有一次，弗雷斯忍无可忍，不愿意再侍候她了。他的父亲告诫他说："孩子，记住，这就是你的工作，不管顾客说什么或做什么，你都要记住做好你的工作，并以应有的礼貌去对待顾客。"

父亲的话让弗雷斯深受感动，以致许多年以后他仍不能忘记。弗雷斯说："正是在加油站的工作使我学到了职业道德和应该如何对待顾客，这些东西在我以后的职业生涯中起到了非常重要的作用。"

不管你在哪个工作岗位上，也不管你在做哪种类型的工作，都不能随便看不起自己的工作岗位，更不能轻视自己的工作。我们可以做平凡的工作，但我们一定要拒绝平庸。如果我们能尽自己的所能，做好每一件平凡的事情，就能够在平凡的岗位上做出不平凡的业绩来。

当然，每个人都有许多的无奈，有时候，当你在做一件事情时，根本就没有任何可以选择的余地。如果只有一种工作摆在你面前，没有任何选择的情况下，你至少还可以选择一种工作的态度，那就是选择努力，把这项工作做到最好！

任小萍是中国外交部的一名官员，在她的职业生涯中，所走的每一步都是组织上安排的，她自己并没有太多主动选择的机会。但是，她到任何一个工作岗位，都会给自己定一个目标，那就是做到最好！

大学刚毕业后，任小萍被分到英国大使馆做接线员。当时，在大多数人看来，接线员是个枯燥无味，没有前途的职业。然而，任小萍却不这么认为。她在这个岗位上兢兢业业，将大使馆每一个人的名字、电话、职责都记得一清二楚。当有人打电话过来却又不知道找谁时，任小萍都热情地帮助对方找到该找的人。渐渐地，使馆人员有事并不找翻译，而是直接找任小萍帮忙。不久，大家不但公事，私事也开始让她帮忙，任小萍成了所有人的秘书。

有一天，大使居然当着众人的面表扬了任小萍。没过多久，她因为任劳任怨的工作精神被调去给英国一家报社做记者翻译。

该报的首席记者是位大名鼎鼎的人物，他获得过战地勋章，被封过勋爵。但是，这人脾气也很大，前几任翻译都被他赶跑了。他看到任小萍第一眼时，根本就没将这个中国女孩放在眼里。结果，过了不到半年，这位首席记者逢人就炫耀："我的翻译比你们的强过一百倍。"不久，工作出色的任小萍又破格被调到美国驻华联络处工作。在这个岗位上，她同样踏踏实实，将工作做得有声有色，获得了外交部的嘉奖。

故事中的任小萍令人佩服，她的工作态度值得许多职场中的人去学习。在职场上，只要是为别人打工，就不要挑肥拣瘦，不管公司给你安排的什么岗位，都要想办法做好，而不能看不起自己的工作。要知道，许多大事业都是从小事情上开始的，许多辉煌都是从平凡而来的。既然你答应了在这家公司工作，就要热爱你的职业，热爱你的岗位。能在平凡的岗位上做出不平凡的业绩来，你才是个优秀的人。如果在平凡的岗位上自暴自弃，你就会注定沦为职场上的平庸者。

那些总是喜欢抱怨，为自己寻找借口不好好工作的人，大多看不起自己的岗位，看不起自己的职业。这样的人往往不会有什么成就，做不出什么业绩来。

职场上，平凡的是工作岗位，平庸的是工作态度。当你在工作中无法选择的时候,至少可以选择将平凡的工作做好。付出自己一百倍的热情,你就能够将平凡的工作做好。当你能将每一件平凡的事情都做好的时候,你就会因此而变得不可替代。同时,你也会因此为自己赢得一个更加辉煌灿烂的未来。

6 快乐工作的人永远不会失业

职场是一个五味瓶,酸甜苦辣咸,五味俱全。不管你是高兴还是伤心,都是在公司工作。既然如此,为什么不快乐工作呢?

所谓的快乐,就是要有激情。心中有了激情,就会拼命工作,就会感受到快乐。快乐工作的人充满活力,充满希望。

工作中充满活力的人更容易让同事接受和认可。那些快乐工作的人,通常能自发自觉的主动工作。为公司无怨无悔地付出。这样的员工,是任何一个老板都喜欢的;这样的员工,永远不会失业。

不管做任何工作,只要能在工作中找到快乐,能快乐地在工作中奉献着自己的力量,就永远不会失业,也一定能有一个光明的前途。在这个世界上,自由散漫,讨厌工作的人到处都有,但快乐工作,竭力付出的员工却并不多。

心中充满快乐的人,在工作的时候脸上会洋溢着欢笑。这样的人会给同事带来温暖和力量。这样的人也能得到同事的喜欢和认可。

在百老汇工作的史密斯先生,已经结婚18年了,在婚后的日子里,他很少对自己的太太微笑,即使偶尔对她说上几句话,也总是在敷衍。因为,他觉得自己是一个郁郁寡欢的人,不管什么东西,都很难使自己快乐起来。后来,史密斯先生参加了一个继续教育培训班。在课堂上,他被老师要求,每天用微笑的表情发表一段讲话。为了完成老师交给的任务,他决定试一个星期看看。因为,他已经不记得自己有多少年没有笑过了。

在接下来的一个星期中，史密斯开始实施自己的计划。在上班的时候，会对大楼的电梯管理员微笑着道声“早安”；坐地铁的时候，他会对地铁的安检人员微笑地说声“谢谢”；回家的时候，他会对小区门口的保安微笑着说声“辛苦了”；他站在股票交易所里时，会对自己从来没有见过的人报以最真诚的微笑。

很显然，史密斯就发现，每一个人也会对他报以微笑。他以一种微笑的态度，来对待那些满腹牢骚的人。他一面听着他们的牢骚，一面微笑着，于是问题就容易解决了。史密斯发现微笑带给了自己更多的收入，每天都带来更多的钞票。

史密斯跟另一位经纪人合用一间办公室，对方的职员之一是个很讨人喜欢的年轻人。史密斯告诉那位年轻人，自己最近在微笑方面的体会和收获，并声称自己很为这个结果而高兴。

那位年轻人承认说：“当我最初跟您共用办公室的时候，我认为您是一个非常忧郁的人。直到最近，我才改变自己的看法：当您微笑的时候，我发现您是一个充满了慈爱的人。”

灿烂的微笑，能使一个普通人光芒四射。许多难以驱散的忧郁，许多积压在心头的痛苦，都会被微笑的阳光所驱散。工作中，难免会遇到困难和挫折，只要我们能用微笑，乐观地面对这挫折，就会战胜困难，圆满完成工作。

任何一家公司的领导者，都希望自己的员工是快乐的。他们对于那些快乐工作的员工通常会给予重点关注。因为一家企业的进步与发展，离不开这些主动工作、快乐工作的人。一个在工作中没有一丝快乐的人，很难将工作做好。

IBM公司中国人力资源总监白文杰曾这样说：“那些对工作充满快乐心情的人，一旦投入到工作中，就会主动克服一切困难。所有的难题在他们面前都将会一一攻克。正是因为这种快乐，才会使得周围的同事被他们感染，从而快乐会进驻整个公司。这样的员工，我们是从来不会拒绝的。”

张乐是一家网络公司的销售经理。他所在的这家企业效益非常好,公司中的每一名员工都喜欢这家公司,喜欢自己的工作,脸上总会洋溢着幸福和欢乐。

但是,在张乐来这家公司之前,公司里每天都是死气沉沉,许多员工一天的工作就是聊天和抱怨。这之中的许多人都偷偷写好了辞职信,准备拿到当月工资后立刻离开这家公司。但是,张乐的到来,让这一切都发生了改变。张乐在这家公司里,时刻都充满激情,充满快乐。时间不久,张乐的这种快乐的精神传染给了每一个公司成员,使得许多打算离开这家公司的员工又留了下来,工作的热情又一次被激发起来。

每天,张乐总是第一个到公司上班,坐在自己的座位上,看到每一个同事都热情地打招呼。一进入工作状态,张乐就会满脸笑容。当工作遇到困难时,张乐会调动同事的积极性,大家一起加班加点,克服困难,力求将工作做到完美。在张乐的影响下,公司许多员工也早来晚走,尽自己所能为公司的壮大默默工作着。正是因为张乐这种快乐工作的精神,才使得他在众多人中脱颖而出,最后被提升为总经理助理。

故事中的张乐是拥有乐业精神的代表。这样的人对公司而言,是一笔非常宝贵的财富。正是如此,我们才会受到老板的指点和帮助。这样的员工,是永远不会失业的。他们靠着自己每天的快乐精神,出色地完成了领导分配的任务。这样的员工,是企业中不可缺少的试金石。

快乐工作的人不但自己能在工作中获取快乐和成就感,还能在无形中提高自己的执行效率。那些在公司里好好工作的人,也往往能管理一个团队,管好自己。

7 职场中永远不能浮躁

现在这个面向于现实和强烈竞争的社会里，太多的人希望一夜暴富，一夜成名，以至于很多人在职场中显得很浮躁，过于贪求所得，不想着如何付出，以致最后一无所成。

虽然社会的一些压力和诱惑容易让人变得浮躁，然而，浮躁只能证明让你一无所成，因此人们还是应该学会尽快摆脱浮躁，学会踏实认真地去对待生活中的每一件事。

美国有一家公司准备从基层员工中选拔一位主管。董事会出的题目是寻宝：大家要从各种各样的障碍中穿越过去，到达目的地，把事先藏在里面的宝物找出来。谁能找出来，宝物就属于谁，谁就能得到提拔。大家兴奋异常。他们开始行动了起来，但是事先设置的路太难走了，满地都是西瓜皮，大家每走几步都要滑倒，根本无法到达目的地。他们艰难地行进着。在他们的寻宝队伍中，公司的一位清洁工落在了最后面。对于寻宝之事，他似乎并不在意，他只是把垃圾车拉过来，然后把西瓜皮一锹锹地装了上去，然后拉到垃圾站去。几个小时过去了，西瓜皮也快清理完了。大家跳过西瓜皮，冲向了目的地，他们四处寻找，但是一无所获。只有那个清洁工却在清理最后一车西瓜皮的时候，发现了藏在下面的宝贝。

公司召开全体大会，正式提拔这位清洁工。董事长问大家："你们知道公司为什么提拔他吗？""因为他找到了宝贝。"好几个人举手答道。董事长摇摇头。"因为他能做好本职工作。"又有几个人举手发言。董事长摆了一下手："这还不是全部，他最可贵的地方在于，他不急不躁，稳扎稳打，在你们都急急忙忙寻找宝贝的时候，他能沉下心来，这份沉静是做好工作的必备素质。"

无论是在生活过程中还是在职场中,往往真正有成就的人,或者是做出大事的人在成功之前做的事情,都是人们平常看起来很普通、很简单的事情,而他们之所以成功,是因为他们把生活中的每件小事情都做好了,每天做好小事情,那是做大事的前提。

把一件小事做好,对于每个人来都很容易,但是如果能坚持每天把每件小事情都做好,的确是一件非常不容易的事。如果每个人都能把自己分内的工作尽自己最大的努力做好,不是为了别人去工作而工作,那么他离升职或者是成功也不远了。

从很早开始,基因·罗德伯瑞就一直梦想创作一部关于到太空旅行的科幻系列片。可是,他的这一想法却没能得到电视台的支持,电视台的人认为基因的想法过于离奇,不会得到观众的认可。在这种情况下,基因并没有因此放弃自己的想法,他始终坚定地认为高质量的科幻片肯定会受到电视观众的欢迎。如今,距离他的《星球之旅》首播已有30多年了,这部片子已经成为美国文化的一部分,剧中的不少台词也进入我们的日常用语。《星球之旅——未来人类》是电视台网最受欢迎的节目。

每个年轻人都曾有过自己的梦想,这也是年轻人的一种资本,但有的人经过自己的努力实现了自己的梦想,而有的人最后一无所成,很大的原因,就是他们为了自己的成功,付出了别人难以想像的努力,每一天都脚踏实地地工作,最终实现了他们的梦想,而后者,则因为他们过于浮躁,遇到一点困难就放弃,最后只能埋怨社会没有给他们机会。

实际上,生活中到处充满着机会,机会总是留给有准备的人,只是看你能否把握机会。同时,机会也是可以由人来创造的,只要注重工作中的每个细节,那么你会发现机会就在你身边。

雪莉·杰茵·拉斐尔是家喻户晓的喜剧明星。从很早开始,她就知道自己具备喜剧天赋,善于言辞、才思敏捷,她也确信这些天分迟早会令她大展风采。尽管如此,在正式进入娱乐圈之前,她至少被电视台、广播电台拒聘过不下18次。但她并没有放弃，以致后来她超越了笑星伯尼，成为当时无可替代的喜剧明星。

不管是打工还是自己当老板，如果把任何小事，都当作是自己很重要的一件大事来做，努力高效地去完成，用一颗老板的心态去对待工作中的每件事情，遇到问题不断地去学习，那么自己不仅能得到迅速进步，能力上得到提高，哪怕暂时没有好的机会等待着你，那么也是为自己以后的某个机会在做准备，人生所走的每一步努力，在未来的某一天某个机会都是在等待着你今天的付出而做准备。

8 在困难面前寻找方法，不要寻求借口

"只为成功找方法，不为失败找理由"，这句话在职场中已经成为了培训员工的经典的语录。的确，多少年调查显示，在一个公司里优秀的员工他们之所以能升职，往往是面对困难的时候，他们总是自己想办法去解决问题，哪怕是条件再困难，他们也会去创造条件，尽自己的一切努力去解决，给老板汇报工作时从来不会为自己的失败去找理由。

在这个世界上，有许多不幸与挫折会莫名其妙地降落到你头上。这个时候，你需要做的并不是为自己寻找借口，而是寻找方法解决这些困难。

对吉姆·阿伯特来说，不存在"颓丧"这个词。虽然他生理上有缺陷，但他却没有因此而自卑自弃。1992 年，他成为美国历史上第一位入选一流棒球队的独臂投球手。1993 年，他作为优秀的投球手，加盟纽约扬基队。

一个人克服了生理的缺陷，通过自己的努力，想尽一切办法寻找一个万全的方法来解决眼前的困境，而这些困难对他而言，只是一种考验而已，而它给予我们的，往往只是灵魂与肉体上感到的痛苦，有些人通不过这项考验，逃匿了；而有的人选择了承受。**承受虽然也会经历痛苦，但是**

却是通往成功的最短距离。

在职场中，每个人都会遇到各种各样的困难和挫折，当你的老板给你派发任务的时候，他们通常只会注重事情的结果，他们最不喜欢的就是员工没有完成任务而去找一堆借口或理由。因为只有遇到问题，积极的想方法去解决的人，才能给企业带来更大的效益。

成功者和失败者之所以会有区别，就在于前者他们遇到困难时总是理智对待，主动寻找解决的方法。而后者遇到困难时，只会选择放弃，为自己的放弃去找理由和借口，一个人只有敢于去挑战，并从困局中突围而出，奏响了激越雄浑的生命乐章。

张凯是香港某跨国集团公司的董事长。25 年前，他带着仅有的 30 元港币、穿着一双拖鞋来到香港，先从街边小贩做起，越做越大，后来创办了两家上市公司。在谈到成功的经验时，他说："我之所以能有这样的发展，都源于我凡事都愿意找方法解决。我认识很多企业界的成功人士，从他们身上我发现了一个共同的规律：一个做事高效的人，往往是最重视找方法的人。他们相信凡事都会有方法解决，而且是总有更好的方法。"

在职场中遇到困难的时候不要为自己找借口，而应积极地找解决的办法。只有将外界的困难，不如意的条件，一个一个地去解决掉，才能让自己脱颖而出，为自己的职业生涯开创一片属于自己的蓝天。

在职场竞争中，不断有创新思想的人，能够经常拿出新的创意的人才，才会受到公司的欢迎，才会受到老板的器重。

只有创新才能给企业带来效益，罗丹曾说过这样一句话："真正的艺术大师用自己的眼睛去看别人看过的东西，能够在别人司空见惯的东西上发现美。"这就说明了思路开阔的重要性。只有遇到问题善于去想办法解决的人，才能发挥创造性，但同时如果遇到困难只会找理由也就等同抹杀了自己的创造性。就永远不可能给问题找到新的解决方法，从而无法真正进步。

也许有人会说，并不是因为很多事情遇到困难去找理由，而是因为太难他们根本不敢去做,怕做不好,受老板责怪。这个世界上,往往很多事情就是因为我们不敢去做才难的。很多事情,只要努力去做了,该想的办法都想了,如果确实不是我们能力所能解决的,那么即使失败了,这对自己来说也是种提高,也对自己是种交代。

第十章　拥有团队精神——没有完美的个人，只有完美的团队

1 树立良好的团队意识

无论是在社会上还是在职场中，都不是某个人的独立存在，在一个集体当中，每个人都不是万能的，很多事情都需要一个组织的协作才能完成。说到团队协作，就好像一台电脑，开机之后，内存和CUP同时开始工作，如果缺少它们当中的任何一个，电脑都会陷入瘫痪，无法运行。

团队的合作是保证工作顺利开展的前提，与他人合作比单独工作有许多好处：首先，群体成员具有不同的背景和兴趣，这可以产生多样化的观点，实际上，与他人合作，可以产生出靠个人奋斗所创造的价值大出许多倍的能量。

此外，群体成员互相提携、相互鼓励，每个人都贡献出自己的聪明才智或是独特的技能，这样的团体才会更有力量，在团队中，每个人都可以最大限度地发挥自己的优势，实现自己价值的最大化。

因此，在工作中，我们要注重团队之间的沟通与合作，充分利用团队中每个人的优势，并整合大家的优势来完成任务，这样才能更容易的发挥自己的才能。

在动物界，群居生活的动物都有一个共同的特性，那就是团队意识至上。羚羊群为了保护整个团队的生存，在遇到危险时，年老的羚羊就会主动把生的希望留给年轻的羚羊，而年轻的羚羊，为了整个集体的生存，也会奋不顾身地冲向猛兽，牺牲自己，保全种群。

羚羊只有这样做，才能使整个团队生存下去，假如羚羊群中的每一个成员都没有团体意识，那么，羚羊这个物种就会在很短的时间里，从地球上消失。

在职场中，我们是一个团队，每一个成员都有职责对公司的整体利益负责这样才能保证所有人都实现共赢。同时，一个团队需要有共同的目标，就像唐僧取经一样，如果没有共同的目标，只要团队里某个人与整个团队的目标不一致，就会拖累整个团队的工作进展，从而影响到个人的利益。

中国有句俗语："一个和尚挑水吃，两个和尚抬水吃，三个和尚没水吃。"但英国人却说："一个人做生意，两个人开银行，三个人搞殖民地。"在旧观念中，以职务为重心，以职务功能划分部门，各部门相互独立，缺乏横向联系，而现在新观念是如何将部门和部门之间的断层衔接起来。

在一家投资公司，为了投标，由几个技术部门组成了一个临时的团队。由于组织协调不好，各个部门只按时完成了各自的任务，没有人做综合的技术评估。其中技术部的工作比较出色，在得知没有中标的情况后，技术部和其他部门发生了争执。技术部的负责人认为他们尽了最大的努力，是其他部门的问题，而其他部门也相互推卸责任，都认为这次投标失败与自己的部门无关。

面对失败，部门之间不能很好的调协，反而互相推卸责任，这对公司是有百害而无一利的。而且使整个团队无法从失败中汲取经验教训，不利于未来工作发展。

5.12汶川地震，让我们所有人都刻骨铭心，如果地震之后没有大家的帮助，没有社会上那么多人的捐款，那么会有更多的老百姓仍在受苦，因为中国所有人的爱集合到一起，让世界真正认识到了13亿中国人凝聚在一起的力量。

作为一家企业，要拥有自己的团队文化，用团队文化来感染员工，让他们具备良好的团队意识。一个团队的凝聚力，是通过长期的企业文化的熏陶所形成的一种共同的规范、信仰和价值观。拥有这种团队凝聚力的公司，会在竞争中占尽上风。

作为一名公司的职员，你应该看到，公司的命运和利益包含着每一个公司员工的命运和利益，没有哪个员工可以使自己的利益与公司相脱节。只有整个团队获得更多利益，个人才有希望得到更多利益。

因此，每个员工都应该具备团队精神，融入团队，以整个团队为荣，在尽自己本职的同时与团队成员协同合作。因此，不要将自己的个人利益看得太重，集体是一个相互依存、相互竞争，同时也是一个共同发展的团队。成员之间的竞争是允许的，也是应该的。但任何人都不应该为了一己私利，置他人利益于不顾。这样不利于集体的发展，同时也不利于个人的进步。树立团队意识，在团队需要的时候让步，那是每个成员的职责所在。只有这样，团队才会有更大的发展空间，个人才会在团队中占有不可估量的地位。

2 让自己融入到团队中去

一滴水，只有放进大海才不会干涸；一个人，只有融入集体才更有生机和活力，在职场中，每个人只有融入团队中，才能更好地发展自我、完善自我。

团队并不限制个性的发挥，也并不是要队员都以牺牲个人利益为代价。优秀的团队就在于它能够不断地发挥团队成员潜在的才能，能够让队员深感被尊重和被重视，鼓励坦诚交流，避免恶性竞争，用岗位找到最佳的协作方式，能够为了一个统一的目标，让大家自觉地认同必须担负的责任和愿意为此而共同奉献。

西蒙尼是一个很有才华的软件编程人员，在进入微软之前他在施乐公司任职。他曾为一个名叫阿尔托的个人电脑编写了一个文字处理软件，名叫“华丽”。这个软件能够在计算机屏幕上使用不同的字体显示文件，然后将数据传送到打印机上，打印出来的效果和屏幕显示的一模一样。这在当时是很神奇的。一位花旗银行的代表看到说：“我明白了这就是所见即所得。”从此以后人们不说西蒙尼是“华丽”软件的发明人。而说他是“所见即所得”的发明人。

但是,西蒙尼为何要离开这家世界上最好的研究所呢?是因为他的个人目标无法和这个团队的目标保持一致,也就是说他的个人目标无法在这里得以实现。当时施乐公司为阿尔托个人电脑配置了鼠标和大显示屏,价格非常昂贵,售价5万美元。如果再配上激光打印机还必须再加20万美元。西蒙尼不赞成施乐公司的那种"产品越大越好"的大公司作风,他认为一味地生产越来越复杂、越来越昂贵的机器是非常危险的做法,因为这给市场接受带来了困难,同时也很难根据市场的变化来改变方向。

由于施乐公司是一个博士、专家聚集的地方,他们只重研究,而不关心市场,因此,西蒙尼的意见在这里得不到采纳,他的一些想法也无法实现。所以,当他得知比尔·盖茨要招聘软件人才时,就驱车来到微软。他和盖茨一见如故,仅仅交谈了5分钟,就毅然做出跳槽的决定。西蒙尼后来回忆说:"看到比尔,我就知道千载难逢的良机来了。"来到了微软,西蒙尼把微软看成自己施展抱负的人生舞台。在1981年的微软全体员工大会上,西蒙尼展示了自己宏伟的目标。他说:"凡是与电气设备多少有点关联的公司……都在开发或者已经开发出了个人电脑。我们必须坚持开发新的应用程序,并且确保它们能在尽可能多的电脑平台上运行。"他挂出一张图表进一步讲解他的战略计划。最后他说:"开始阶段收入不会太多;但如果这个计划能如愿实施,15年后微软公司要再求新的发展,就不得不雇用华盛顿州所有的男女老少来工作了。"西蒙尼的设想非常切合微软公司的发展需要,微软真正成为西蒙尼展示人生抱负的舞台,他的个人目标在微软得以逐步实现,微软的财富也以几何级数的速度在增长。

一个人,只有与团队的目标一致,把自己彻底融入到团队中,这样才能更多地得到团队的支持,才能让团队和个人发挥最大的价值。只有将每个人的个人利益和团队目标互相协作,将个人利益与整体利益统一,才能实现组织的高效运作,在富有凝聚力的团队中工作,个人工作起来才会觉得心情舒畅,干劲十足,大家的协作性才更强,才能共同创造出卓越的业绩。

著名心理学家荣格曾写下这样一个公式:I+We=Full I。它的意思是说:一个人只有融入到团队中,才能称之为圆满,才能称之为完美,才能最大限度地实现自己的人生价值。

在职场上,我们要能够看到自己的不足之处,看到别人优秀的地方,取人之长,补己之短。然后,融入到同事之中,成为团队中的一员。小到一家公司,大到一个国家,都需要有完美的团队意识。因此,你要在工作中学会融入到团队中,不要游离在团队之外。

一家著名的咨询公司要招聘5名中层管理者。一时间,前来应聘的有几百人。后来,20名优秀者进入了复试。

在复试中,这家公司将20个人分成了ABCD四组,每组5个人都要分别调查不同的市场,然后填写一份调查报告。三天后,四组人都以小组为单位交上了自己的调查报告。

最后,公司负责人对A组的5个人说:“恭喜你们,你们被公司录取了。因为在这四个组中,只有A组的人互相帮助,互相借用调查资料,以便让自己的调查报告写得更详细。”

故事中的A组之所以能胜出,主要的原因是他们拥有团队意识,懂得分工与合作。作为团队中的成员之一,如果不懂得融入到团队中,只是像独行侠般独来独往,那一定会变得孤僻,冷漠,最后被所有人疏远。一个想要在职场获得成功的人,最重要的条件之一就是懂得让自己融入到团队中。

3 个人似水滴,团队如大海

佛祖释迦牟尼曾经问他的弟子:“一滴水怎样才能不干涸?”弟子们面

面相觑，没有人回答得出来。释迦牟尼说："把它放到大海里去。"个人再完美，也就是一滴水；一个高效的团队好比大海。

个人与团体的关系就好像一滴水与大海的关系，只有把无数个人的力量凝聚在一起时，才能像大海般壮观，才不会干涸。因此，个人的发展离不开团队的发展，只有将个人的追求与团队的追求紧密结合起来，才能像大海般力量难以阻挡，才能和团队一起得到真正的发展。

在当今这个知识经济时代，只有将个人与团队一起作战，只有借助团队中每个人的力量才能克服各种各样的困难和挫折。如果光凭一个人单打独斗，讲个人英雄主义是很愚蠢的做法，不仅问题得不到解决，个人的价值也无法真正得到体现。

2004年的雅典奥运会上，中国女排创造了奇迹。在比赛开始前，意大利排协技术专家卡尔罗·里西在观看完中国女排训练后曾这样说：中国女排决胜的关键是赵蕊蕊，她的发挥直接影响着中国女排的成绩。如果她无法上场的话，那中国女排前景堪忧。

然而，在中国女排的奥运会第一场比赛中，赵蕊蕊因为腿有伤而导致无法上场。许多外国媒体都感叹说："这下中国女排可完了。没有了赵蕊蕊，中国女排根本就没有希望夺冠了。"

当时的中国女排每场比赛打得都非常艰难，在小组赛中她们还输给了古巴队。在这种情况下，大多数外国媒体都一致不看好中国女排，他们认为中国女排如果能夺冠，那将会是一个奇迹。

别人的不看好并没有让中国女排丧失斗志，他们历尽艰险，终于杀进了决赛，与俄罗斯女排争夺冠军。冠军争夺战打得非常艰难，中国女排曾大比分落后。最后一场，双方展开了拉锯战。最后，张越红一记重扣将球狠狠地砸在了地板了，宣告了这场历时2小时19分，出现了50次平局的比赛结束。最终，中国女排赢得了冠军。在经过了20年的漫长岁月后，中国女排再一次站在了世界之巅。

中国女排为什么能战胜那些世界强队呢？又是什么力量使得她们反败为胜呢？主教练陈忠和道出了原因:“其实,我们并没有绝对的实力去战胜对手,夺得冠军。我们在最关键的时候,只能依靠团队的力量。”可见,团队的力量是无穷的。一个人能力有限,不可能战胜一切对手。但团队的力量是无穷的,足以击败所有对手,取得最后胜利。

很多时候,一个团队能给予我们的不仅仅是胜利与成功,更多的是光荣与梦想。一个积极向上的团队,能够让每一个人都得到鼓舞,得到帮助,激发出潜在的斗志。这也是我们为什么在职场中要融入团队的原因。因为团队的力量是无穷的。俗话说:“一个人是条虫,团队是条龙。”可见,团队力量是多么的强大。然而,工作中有许多人却不明白这个道理,感觉自己是最优秀的员工,根本不需要融入团队,不需要任何人的帮助。这样的想法是可笑的,也是幼稚的。这些人永远不会明白这个道理:没有无敌的个人,只有无敌的团队!

有些时候,甚至动物的团队精神都能让人为之动容,让某些缺乏团队精神的人汗颜。

曾经有一位英国科学家点燃一盘蚊香,将其放到了蚂蚁的窝中。

蚂蚁们见到冒着烟的蚊香,纷纷四散奔逃。过了十几分钟后,有的蚂蚁便停止了逃跑,向着火光冲去,对着蚊香喷射自己的蚁酸。见此情景,许多蚂蚁纷纷赶了过来,一齐对着蚊香喷射蚁酸。在这个过程中,不少蚂蚁被蚊香烧死了。但是,一批倒下了,另一批又赶上来,几分钟后,蚊香便熄灭了。活下来的蚂蚁将同伴的尸体搬到附近安葬了。

第二天,这位科学家又点燃了一盘蚊香,放到了那个蚂蚁窝里。虽然这一次蚊香燃烧得更充分,威力更大。但蚂蚁们已经有了上一次的经验。它们并不慌乱,有秩序地撤退,有秩序地作战。一堆蚂蚁团结在一起,共同奔向了蚊香,不到一分钟,蚊香就被扑灭了。但蚂蚁却没有一个殉难。

有人说，工作就是一场游戏，你既然加入了这场游戏，就必须要遵守游戏的规则。如果你不遵守规则，那么，工作就会陷入到一种混乱的无序状态中。想要在这场游戏中成为胜利者，就要加入到某个团队，与团队一起共同面对。一个能力超常的人如果不依靠团队，就会变得平庸。一个能力普通的人如果依靠团队，就会变得战无不胜。

一个优秀的团队一定是一个团结一致、严格有序的团队。当这样的团队出现在职场中时，有谁能不羡慕，谁能不尊重呢？

既然在职场打拼，你就是某家公司某个团队中的一分子。因此，团队成员之间要互相配合，互相协作，才能促使团队进步，促进公司发展。

4　事业的成败取决于团队精神

团队精神的重要性对于任何一家公司都是无与伦比的。只有拥有团队精神的公司才是优秀的公司，才是成功的公司。甚至可以说，团队精神决定着事业的成败！

一个人如果缺乏团队精神，那他很难在职场中实现自己的人生价值；一个公司如果缺乏团队精神，那公司将会变成一盘散沙；一个民族如果缺乏团队精神，那这个民族将很难变得强大。

其实，所谓的团队精神，就是一种彼此信任，彼此协作的工作态度。它包含范围很广，既有人际沟通，又有相互融合。团队精神的核心是协作。一个团队如果具备很强的团队精神，能在工作中提高效率，提升凝聚力。一个具有高度凝聚力的公司能够面对和克服一切困难，最终成为一家卓越的公司。而在整个过程中，决定公司成败的就是团队精神。

当然，拥有团队精神，团结协作固然重要。但团队中每个成员的个人能力也不可忽视。只有优秀的个人能力组合在一起，才能形成优秀的团队能力。如果团队中每个人都没有什么能力，甚至都是庸才的话，那组成的团队也很难发挥什么效果。因此，作为一个团队中的成员，应该时刻努力工作，努力学习，不断提升自己的个人能力。当许多优秀的个人互相配合，互相帮助的时候，那整个团队的战斗力将会无限加强。

团队精神之所以如此重要，主要是团队之于一家公司，有许多特殊的意义：

(1)团队精神具有目标导向功能

每个员工都有自己的性格，做事都有着自己不同于别人的方法。团队精神能够统一员工的工作目标和工作方向，对员工有一个目标的导向作用。拥有团队精神的员工会将公司的统一目标当成自己的目标，公司前进的方向当成个人前进的方向。只有这样，团队中的成员之间才能思想统一，目标一致。

(2)团队精神能增强公司的凝聚力

一家公司想要快速发展，需要员工能够心往一处想，劲往一处使。公司中的员工只有凝聚在一起，结成一股绳，才能发挥出更强大的力量。在长期的工作中，员工之间能通过彼此的交流，增强协作意识，充满使命感和归属感，进而产生一股强大的凝聚力。而形成这股凝聚力的基础，就是依靠强大的团队精神。

(3)团队精神能激励员工奋勇向前

人都是有惰性的。通常情况下，能休息绝对不工作，能躺着绝对不站着。当这些人在一个一般的团队中时，会以自我为中心，不喜欢与人交流接触，从而降低团队的工作效率。但在一个优秀的团队中时，即使是最懒散的人也能感受到来自周围的压力，会不自觉地产生动力，力争向最优秀的同事学习，并以此来激励自己奋勇向前，不断提高。

(4)团队精神具有约束员工的功能

团队精神之所以能产生一种约束员工的能力，主要是通过团队内部的观念所影响。一个优秀的员队，他们永远都会向着最优秀的目标发起进攻，这就需要团队成员之间都要变得更优秀。同时，那些缺乏团队合作精神的员工会有一种约束感与紧迫感。他们会变得积极主动，最大限度地提升自己的才能。

当然，我们要在工作中明白这样一个道理：团队精神并不仅仅指的是与同事和睦相处，互助互利。而是一系列的学习、提高的过程。在团队中，要学会主动去工作，主动去适应环境，主动去为公司创造价值。如果能做到这些，那你就是一个优秀团队中的一名优秀员工了。

一个优秀的团队最基本的特点就是：团队整体创造的业绩要远远大于团队成员个人业绩之和。团队的业绩是由团队中各个成员一起协作带来的，但大家一起所创造出的价值却比每个人单独创造的价值总和还要大得多。这就是团队的力量！

一家公司的团队精神，就是充分发挥每个员工的特长，共同合作，共同配合去做好一件事情。拥有这种精神，团队就是一个整体，就能创造出很大的效率。如果离开了这种精神，那整个团队将会是一盘散沙，不但不能为公司创造价值，还会阻碍公司的发展。所以说，事业的成败取决于团队精神。

著名的盛大公司就是一个注重团队精神的企业。盛大公司发展到现在，创业初的五个人一个都没有少。而且，最初的这个五人团队，现在已经全部做上了管理层，决策着公司的发展方向。谈到团队精神时，盛大董事长陈天桥感叹说："如果没有一个高效协作的团队，只凭借我个人的力量，盛大很难获得成功。"由此可见，团队精神对于一个企业的成长起到的作用是多么重大。

现代职场，员工与员工之间，公司与公司之间的竞争日益激烈。一个人，一家公司想要成功，就必须依靠团队的力量。只有那些具有高度团队精神的公司，才会在激烈的竞争中脱颖而出，成为赢家。而团队精神，直接决定着一家公司未来的成败。

5　懂得集体作战，切忌单打独斗

现代职场，不懂得集体作战的人，是无法获得成功的。

海尔集团董事长张瑞敏曾经说过："海尔巨大的成功，离不开优秀的海尔团队。"海尔集团正是靠着整个集体的团结合作，才在家电市场上攻无不克，战无不胜的。

1994年4月8日，海尔集团接到一位德国经销商的电话，要求海尔在两天内必须发货，否则就拒绝再订海尔的货。可是，如果按这位经销商的要求来做，那就必须在当天下午将货全部装到船上。接到电话的时间是下午两点，如果按海关、商检五点下班来算，留给海尔的时间只有不到三个小时。如果按一般程序来做这件事情，那根本就不可能完成。这个时候，整个集团像一个大集体一样，整体作战。大家将工作同时进行，有人负责调货，有人负责报关，有人负责联系船只。大家分秒必争，每一个环节都没有疏漏，哪一个环节都顺利通过。当天下午五点半，海尔就向那位德国经销商打去电话，告诉他货物已经发出。听到这个消息，德国经销商惊得半晌无言，他怎么也不敢想像，海尔的工作效率是如此之高。为此，他还破例向海尔写了感谢信以示感激。

海尔集团的成长和壮大，不仅得益于张瑞敏的正确领导，更得益于集团上下的每一名员工的共同致力。海尔人的价值观念是：人的价值高于物的价值，共同价值高于个体价值，共同协作的价值高于独立单干的价值，社会价值高于利润的价值。

独特的价值观造就了海尔独特的企业文化。在海尔中的每一名员工都是积极主动的，都能甘心为企业奉献出自己的全部精力。在外人眼中，海尔是一个集体，在海尔人眼中，海尔是一个整体。当公司遇到困难时，他们会集体作战，以此来战胜困难，获得成功。

现代这个社会早已不是个人英雄主义的时代，再厉害的人也需要融入集体，共同作战。一个人即使拥有超人的才华和能力，如果不懂得与集体融为一体的话，最终也难逃失败的命运。

在古代，有一种特殊的鸟，这种鸟力气大得惊人。有一次，一个猎人悄悄地张开网,一下子网到了许多鸟。当猎人准备收网将鸟抓出来时。这些鸟一见情况危险,急忙一起努力向天空飞去,结果,它们将网带了起来,猎人一看,鸟网已经被鸟带了起来,便拼命跟着追了过去。

有人对猎人说::"老兄,别追了,你肯定跑不过鸟的!"

猎人说:"如果我只网住了一只鸟,我是不会追的,因为我再怎么追也追不上。但现在网子里有十几只鸟,我就一定能追到它们。你可能不知道,这种鸟都是喜欢'单打独斗'的英雄,它们不可能长期朝一个方向飞的。"

果然,飞了一段路后。鸟网里的鸟都开始向不同的方向飞去,方向不统一了,速度马上就慢了下来。这些鸟拼命地向着自己认为正确的方向飞去,结果,鸟网落到了地上,所有的鸟都被猎人活捉了。

这个故事非常令人深思,如果猎网中的鸟能够目标一致,集体作战,团结起来朝着一个方向飞,那它们就能逃脱。但由于它们都喜欢单打独斗,没有集体观念,最终一起被活捉。在职场上,也有许多以一当十的人,他们能力出众,但由于不喜欢团结协作而时常碰壁。许多才能过人的人,不管将自己的个人才能发挥到多么大,都无法战胜团队,团队的力量是无穷的。只有将自己融于集体,才会品尝到胜利的滋味。

许多企业在刚刚成立的时候,总是喜欢那些能力过人的员工,即使这名员工没有团队精神,没有集体意识,企业也会重用他们。但随着公司的逐步发展和壮大。老板会开始慢慢将这些有功之人剔除出去。这是为什么呢?主要是因为一个步入正轨的公司,它所需要的是集体协作,而不是个人英雄。个人英雄在这个时代注定是悲剧,越是孤胆英雄,越是会以暗淡收场。因此,要在工作中学会与集体共同对外,共同作战。

联想集团的总裁柳传志曾说:"公司之间的竞争最后都是人才的竞争,团队的竞争。只有懂得集体作战,才能最终获得胜利。"联想是这样说的,也是这样做的,他们在工作中充分发挥集体的优势,使得在IT界颇有名声，赢得了业内的广泛赞誉。也正是凭着集体的努力和奋斗，联想集团才一路高歌猛进，势不可挡。

对于一家公司来说，优秀的人才就算海边的一粒粒“珍珠”。想要将公司做大做强，不但需要这些“珍珠”，还需要将这些“珍珠”集合在一起，串成一条“项链”。要知道，“珍珠”虽然美丽，但是，如果没有集合成“项链”的话，也不过是一盘散沙，大大削减了它们的价值。那些优秀的人才也像珍珠一样，如果不能够融入集体，不管多么优秀，也只是匹夫之勇而已。

随着职场的竞争压力越来越大，对集体战斗力的要求也越来越高。一个人的单打独斗早已不能适应现代的职场竞争了。只有通过集体的力量，才能克服困难，让公司立于不败之地。

6 在困难面前，要有团队精神

当工作中遇到困难时，要懂得与自己的团队一起面对困难，用智慧与勇气将困难踩在脚下。

拿破仑在一次战争中遇到了敌军的疯狂抵抗，部下伤亡惨重。正在这时，拿破仑一时不慎跌到了泥潭里。见此情景，士兵更没斗志了，纷纷有了退意。

拿破仑不顾自己的安危，他并没有先从泥潭里爬上来。而是大吼一声：“我们已经没有退路了，大家一起上，冲啊！”

这一声大吼无疑给士兵们指明了方向，他们被拿破仑的精神所鼓舞。一时间，士兵们都斗志高昂，大家一起向敌军发动了猛攻，最后终于获得了胜利。

拿破仑的故事对我们今天身在职场的人也有很大的借鉴意义。虽然我们的团队不能和拿破仑的大军相提并论，但我们如果像他们那样团结协作，步调一致的话，我们也同样能战胜来自职场的各种困难。

身在职场，困难有时候是突如其来的，甚至比想像中的困难来得更快，更直接。如果此时你无法意识到团队的重要性，不能融入到团队中，和团队一起“作战”，那你就会被困难击倒，成为它的奴隶。

李强在一次度假的时候，他迷路了，被困在了大森林里，找不到出路。正在他焦急万分的时候，一个中年人迎面走来。李强忙上前问他：“先生，我找不到出去的路了，您知道怎么走出这片森林吗?”

中年人说：“对不起，我和你一样，也在寻找出去的路。但我们可以一起找，说不定能在互相帮助中走出这片森林。”然后，两个人结伴而行，一路上，他们互相鼓励，互相商量，最后终出走出了森林。

可见，在困难面前，如果能够互相合作，互相扶持，就能够寻找到解决之道。一个人在职场上需要融入一个团队，既然在团队中，就需要有团队精神，共同面对困难。单丝难成线，孤木难成林，一个人很难在激烈的竞争中克服所有将要面对的困难，需要归属于一个团队，然后与团队一起并肩奋斗，将面前的困难解决。另外，与团队共进退，共存亡，在团队中找到属于自己的位置。

王林所在的广告公司由于经营不善，破产了。王林不得不去了另一家广告公司上班。在新公司里，王林迅速融入了新的团队，与新团队中的成员和睦共处。他的到来，为新团队带来一缕清新的空气。在新团队里，王林每天都会买一期新杂志，等所有人都看过之后自己才看。公司加班时，王林总是亲自去为大家买饭。因此，整个团队一片和睦，大家的关系也非常和谐。后来，这家广告公司遇到了麻烦，如果这道坎跨不过去，对公司将会造成沉重打击。这时，王林和他的团队一起拼命努力，不计报酬，每天都加班加到半夜。经过他们的一致努力，公司战胜了这次困难，走上了良性发展的轨道。而王林和他所在的团队也被称为“金牌团队”，成为业内优秀的设计团队。

任何一家公司,在通往成功的道路上,都会不时面临各种困难和挑战,也会面临各种危机与磨难。在这些困难面前,团队成员之间应该团结一致,齐心对外,克服困难,走向成功。俗话说:“人无远虑,必有近忧。”所以团队中的每个成员,都要有一种危机感和忧患意识。只有这样,当这个团体面临困难时,才能激发出无穷的力量,克服困难,走向成功。

因此,不管做什么事情,都要认同团队的使命,这样才有可能产生奋斗的激情,工作起来才会有动力。对于一家公司而言,要努力培养员工的团队精神。一个充满强烈团队精神的员工,不但对公司来说是一笔宝贵的财富,对社会也是一种极大的奉献。为此,公司要为每一个员工提供一个可以展现自己的舞台,能够让其将自己的才能发挥到极致。这样,员工才会有归属感。有了归属感的员工所组成的团队,就是战无不胜的王牌团队。

既然在一家公司工作,就要接受公司的企业文化,认同公司的管理理念,在不断的工作中积累经验,提高自己的能力。在公司面临危机之际,团队将会发出无穷的力量,让公司化险为夷。

工作中遇到的困难多不可数,想要克服这些困难除了拥有毅力之外,还需要精诚一致的团队精神。

在你的职业生涯中,你可能服务过不止一家公司,拥有过不同类型的团队,与性格各异的同事接触。但是,只要大家目标一致,互助合作,就能将自己的团队打造成优秀的团队。因此,你需要认同你的团队,能与团队永远在一起共进退。

在职场上,能够迅速克服困难的法宝只有一个——超强的团队精神。这也是保证一家企业长期繁荣健康发展的基石。

7 职场上要懂得借助他人力量

在亚里士多德的那个时代,亚里士多德是一个真正的博学家,因为当时人们掌握的知识还非常有限。但当人类社会发展到现在，已经不存在博学家了，只能有专才，包括所谓的博士，其实也只是在一个很小的领域里进行深入研究的人。所以，我们不可能掌握到所有的知识和技能。就算是亚里士多德这样一个博学家，也不可能自己去做所有的事，他做饭肯定没有厨师好，洗衣肯定没有女仆好，缝衣肯定没有裁缝好，他只要做好他拿手的研究就行了，而其他的事，有人会比他做得更好。没有人是万能的，除非你是神仙，就算是神仙，也需要天使去帮他传播爱与义。

所以说，有些事情让别人去干会更为合适。如果你不擅长做这件事的话，不妨把它交给别人来做，把它交给那些擅长做的人去做。也许你做这件事要花十分钟的时间，而别人一分钟就能解决了。这不是个人能力问题，而是我们各有专长，并且所拥有的便利条件也不同。举个例子来说，如果你要自己做个蛋糕，那么，你要先去买面粉、鸡蛋、奶油，准备好模具和烤箱，这会花掉你很多时间，而且，如果你从来没有做过蛋糕的话，你还要花时间去琢磨该怎么做，就算最后做出来，也不一定好吃。若是交给一个面点师来做的话，他不需要特地去准备这些材料，因为这些东西他随时都备有。而且，他的技术肯定比你娴熟，会做得比你美味比你快。既然这样，为什么不把做蛋糕这件事交给别人去做呢？你可以把省下来的时间用来做别的你擅长的事情，这样效率不是高多了吗？

时间的分配其实也包括任务的分配，在最短的时间里做出最多的价值，这就是高效。让每个人都做自己擅长的事情，才能让时间更合理地被利用。学会把一些事情交给别人去干，才能更好地利用你自己的时间。

人不是万能的，每个人都有自己的风格和熟悉的业务，如果在时间管理过程中不能正确审视自己，以万能的标准要求自己，就会影响你的工作效率，阻碍你迈向成功的步伐。面对纷繁复杂的事情，没必要每件都自己处理，交给更熟悉的人会争取到更多的时间，而你只要做自己最拿手的事情就可以了。

可是，想要借助别人的力量来完成工作，事先要了解对方的风格。通常，你可以通过下面几种方法来了解对方风格：

首先,你可以通过了解他人的时间管理风格来决定是否与他合作。一个人的时间管理风格一定程度上代表了他的办事风格,如果他是个做事拖拖拉拉的人,或者做事匆匆忙忙,手忙脚乱的人,那么你就应该慎重考虑一下是否要跟他合作了。因为如果他对时间管理不当,影响工作进度的话,也会造成你时间的浪费。

美国的金融大王摩根,就是通过了解对方的时间管理风格,来帮助自己做出决定,是否与对方合作的。他把对方公司管理者的守时性和对方公司的办事方法以及工作效率,作为一个重要的考虑因素。这一点,成为他取得现今成就的重要原因之一。

再者,你可以通过了解他人的时间管理风格,使你们的合作更有默契。通过了解对方的时间管理风格,可以让你知道对方在什么时候有空,在什么时候与对方交涉取得的效果最好。可以根据对方的时间安排适当修改自己的时间计划,以取得最好的合作效果,避免因沟通不畅而造成的时间浪费。

还有,你可以通过了解他人的时间管理风格,找到最好的时机去求助别人。如果你有求于人,那么你一定要选择合适的时机去求助。如果你找了一个对方很忙的时候去,那么对方肯定没有空理你,不但白跑一趟,还很有可能会给别人留下不好的印象。如果找到一个好时机,没准原来不可能的事也变成可能了,一次成功不是很好吗?

总之,如果你想通过借助他人之力来提高你的工作效率的话,那么,了解他人的时间管理风格就是你必须做的功课之一。

每个人都不希望在职场的最底层工作,如果你不愿一辈子都在最基层工作的话,你就要学会指派和授权。

当然,我们在指派工作的时候要合理,要顾及各个人的能力,以及执行不同任务所需要的时间。不然如果造成时间差,就会造成时间的更大浪费。

并且,我们应该建立完整的下属工作。什么是完整的下属工作呢?所谓“完整”,也就是说,管理人员在授权时,应该把完成一项“完整任务”

所要求的责任和权力同时授出。这样做既节省了时间,得以使自己有时间去做更为重要的工作;也使这项任务的工作者更乐意接受分配的工作,并提高了整个组织的效能。试想一下,如果你接到了上司分配的一项任务,却事事都要请示他,一点自主权都没有,不能放开手脚去做,那么你的工作积极性是不是会大大下降呢?而你的上司也会因为事事关心而忙碌不堪。

作为公司的一员,你就应该像一个在战场上的军师一样,"运筹于帷幄之中,决胜于千里之外",学会指派和授权,善于借助他人的力量,让其他人跟着你的手指转,把一切都掌握在你手中,这样不但能提高效率,也能提高团队的协作能力。

8 增强团队的凝聚力

那些是非过于分明的人,心中对人的分别是"非友即敌",这是一种非常极端的思维方式。具有这种性格特征的人,往往在工作中喜欢"单打独斗",不喜欢与别人合作。这就会造成这种类型的人在生活上容易影响公益,在工作上容易造成团体精神的缺乏。

一个聪明的领导者会想办法让他的团队凝结在一起,集体作战。想要团队作战,重中之重就是想办法提高团队的凝聚力。下面的9个办法,对于提高一个团队的凝聚力会有很大的帮助,可以作为团队领导者的参考。

(1)对团队成员给予认同

不管是在会议的场合,还是在指派命令的时刻,都要在讲话中表露出来,并着重强调"我们"、"我们这个部门"或者"我们这个团体",这样才能让团队成员认为自己的领导与他们在同一战线。如果一味地讲"你如何……"或者"我怎样……",便会让团队成员的心目中觉得工作团体不甚重要,所以也容易显得满不在乎。

(2)建立团队的传统

一个团队的领导者,在适当的场合可以向团队成员讲述团队过去一些好玩、特殊而刺激的事件。另一方面每当团队成员生口或其他值得祝贺的事件发生时,主管应该主动安排庆祝。这样日子一久,团队的传统逐渐形成。有了传统,工作团队对团队成员的吸引力自然就会增加。

(3)强调团队工作的重要性

团队的领导者应该平素以身作则地表示"只要我们赢了,谁居功都无所谓"的观念。换句话说,老板时时刻刻要担心这个工作团队是否能达到目标,而不必担心谁出风头,谁居功等问题。这样,大家才会全力以赴,一起工作。

(4)对优秀的团队成员行为给予适度的认可褒奖

一个合格的领导,会小心翼翼地观察和揣摩团队成员的心理,观察团队成员的表现,随时给予协助、认可、鼓励与赞扬,明确地向团队成员说明他对团体的重要性。如果哪一位团队成员有赞美同仁的表现,那么也应该褒奖这一位团队成员的建设性行为。久而久之,这个工作团队的气氛就会显得和谐而融洽。

(5)制订明确而容易达到的团队目标

在制订团队的长期目标和远景规划的时候,最好能够征求团队成员的意见。目标和规划制订出来后,应该把摘要传述给团队成员,更应该在这项长期计划的参考架构中,制订一些短期而明确的目标。这些短期目标应该让人一目了然并且具体可行。如果目标过于笼统而高不可攀,会导致员工丧失斗志。

(6)心理上与团队成员保持亲近

学会适当地参加团队成员的业余活动,与他们打成一片,以便于了解他们的想法。同时必须保持距离,否则过度的深入参与会带来彼此的熟稔,容易招致团队成员的轻视。

(7)把团队成员当作平等的人来看待

许多主管和经理都喜欢养尊处优,自己高高在上,"己尊人贱"的观念,在很多管理层高级职员的脑海中普遍存在,这样的管理人员,大多会期望团队成员多付出一点,而从来没有把自己与团队成员放在同一水平线上来衡量。相反,如果把团队成员当作平等的人来看待,彼此之间更容易得到谅解。

(8)实施团队激励的措施

一个良好的奖励制度能够有效激励一个团队健康快速发展,除了个人奖金制度以外,应该设定一套奖赏的办法,以便配合团队激励的政策。此外团队得到特殊的奖励,也应该与团队成员共享成果。

(9)与团队成员增进共同的体验

这样做的结果能够让团队成员之间形成亲密的关系,团队成员的心就能够贴得更近,如果是同甘共苦,则更可增进密不可分的伙伴关系。所以,与其与团队成员共进午餐,不如当团队成员在晚上加班时,你也加入他们当中,如此必能加强同甘共苦的患难意识。

一个优秀的团队,能够改变人许多不良的缺点,让自己也变得优秀起来。要促使团队成员改变工作行为(不是工作态度,因为态度较难改变),把他纳入团队的范畴之内,然后慢慢使其团队意识巩固起来,继而使团体的凝聚力提高。

一个团队如果具有高度的凝聚力,那么团队成员之间的隔膜就会消失,工作会有效率,而且会看重团队的名誉。如此一来,整个团队的目标易于达到,团队的战斗力得以增强。

作为领导者,必须有能力去影响员工以及他们的表现。只有创造出一种充满信任、乐观和乐趣,并鼓励个人成长的环境才可以建立一支具有持续作战能力的高效率团队。

生态危机之痛

20%的世界人口消耗了80%的地球资源。

每天有5000人死于饮用水污染，10亿人喝不到安全的饮用水。

接近10亿人面临饥荒。

每年有1300万公顷的森林消失。

1/4的哺乳动物、1/8的鸟类和1/3的两栖动物面临灭绝。

3/4的渔场已枯竭、废弃或面临减产的危险。

物种死亡的速度超过其自然繁殖的1000倍。

到2050年会有2亿人沦为难民。

人类，这个地球上最顶级的食肉动物群、所有食物链的终端，用其20万年的历史，暴殄地球40亿年累积的遗产。昔日加诸自然的种种惩罚，正以各种方式回归人类自身。

对生态危机的关注，迫使人类重新审视自身与自然之间的关系，继而修正人类自身的生态发展观。你我作为个体的存在，都拿不出一个关于生态危机的解决之道，但这唯一的解决之道恰恰存在于68亿人群之中。

我们唯一能仰赖的，只有人类自身的觉醒、即刻的行动和不懈的努力。

别忘了，自然的最残忍之处，恰恰是它以最有意义的方式创造生命，又以最无意义的方式消亡生命。世界末日并不是什么玛雅预言，而是我们一手书写的结局。

地球或许是人类失败的试验场，但愿上天还会给我们第二次机会，还容我们在自然的灵光下漫步，做一会儿流浪的圣徒。

（摘录自腾迅网）